ATIVIDADES

APRENDIZAGEM

LÍNGUA PORTUGUESA

- Leitura
- Estudo da língua
- Oralidade
- Escrita

Organizadora: SM Educação
Obra coletiva concebida,
desenvolvida e produzida
por SM Educação.

São Paulo, 2ª edição, 2022

Aprendizagem Língua Portuguesa 5
© Edições SM Ltda.
Todos os direitos reservados

Direção editorial	Cláudia Carvalho Neves
Gerência editorial	Lia Monguilhott Bezerra
Gerência de *design* e produção	André Monteiro
Edição executiva	Isadora Pileggi Perassollo
	Edição: Ieda Rodrigues
	Suporte editorial: Fernanda Fortunato
Coordenação de preparação e revisão	DB Produções Editoriais
Colaboração editorial	Priscila Ramos de Azevedo
Coordenação de *design*	Gilciane Munhoz
Coordenação de arte	Melissa Steiner Rocha Antunes
	Edição de arte: Juliana C. S. Cavalli
Coordenação de iconografia	Josiane Laurentino
	Pesquisa iconográfica: Camila D'Angelo e Marcia Sato
	Tratamento de imagem: Marcelo Casaro
Capa	Casa Rex
Projeto gráfico	DB Produções Editoriais
Editoração eletrônica	DB Produções Editoriais
Pré-impressão	Américo Jesus
Fabricação	Alexander Maeda
Impressão	Gráfica e Editora Pifferprint Ltda

Dados Internacionais de Catalogação na Publicação (CIP)
(Câmara Brasileira do Livro, SP, Brasil)

Aprendizagem língua portuguesa 5 : atividades / organizadora SM Educação ; obra coletiva concebida, desenvolvida e produzida por SM Educação. -- 2. ed. -- São Paulo : Edições SM, 2022. -- (Aprendizagem língua portuguesa)

ISBN 978-85-418-2766-9 (aluno)
ISBN 978-85-418-2767-6 (professor)

1. Português (Ensino fundamental) I. Série.

22-110315   CDD-372.6

Índices para catálogo sistemático:
1. Português : Ensino fundamental 372.6

Cibele Maria Dias - Bibliotecária - CRB-8/9427

2ª edição, 2022 1ª impressão Agosto, 2022

SM Educação
Avenida Paulista, 1842 – 18º andar
Bela Vista 01311-200 São Paulo SP Brasil
Tel. 11 2111-7400
atendimento@grupo-sm.com
www.grupo-sm.com/br

APRESENTAÇÃO

Querido estudante, querida estudante,

A coleção **Aprendizagem Língua Portuguesa** foi elaborada para você pôr em prática seus conhecimentos da língua e se tornar competente para ler e produzir textos.

Para isso, ao longo dos estudos com os livros desta coleção, você será capaz de praticar a leitura de diferentes textos e elaborar suas próprias produções textuais.

Por meio de atividades variadas, será possível retomar, quando necessário, e aplicar os conteúdos sobre as regularidades e o funcionamento da língua portuguesa.

A coleção apresenta, ainda, propostas para você aprimorar seu desempenho em situações de comunicação oral.

Desejamos que este material contribua muito para sua formação.

Bons estudos!

Equipe editorial

SUMÁRIO

MÓDULO 1
- LEITURA 6
  - Verbete de dicionário 6
- ESTUDO DA LÍNGUA 8
  - Diferença entre como a palavra é escrita e como é pronunciada 8
- ESTUDO DA LÍNGUA 11
  - Acentuação de ditongos e hiatos 11
- ESCRITA 13
  - Verbete de dicionário 13

MÓDULO 2
- LEITURA 14
  - Anedota 14
- ESTUDO DA LÍNGUA 16
  - Tempos verbais 16
- ESTUDO DA LÍNGUA 19
  - Palavras terminadas em **-ão** e **-am** 19
- ESCRITA 21
  - Anedota 21

MÓDULO 3
- LEITURA 22
  - Reportagem 22
- ESTUDO DA LÍNGUA 26
  - Pronomes demonstrativos 26
- ESTUDO DA LÍNGUA 29
  - A letra **x** 29
- ESCRITA 31
  - Reportagem 31

MÓDULO 4
- LEITURA 32
  - Narrativa de aventura 32
- ESTUDO DA LÍNGUA 35
  - Conjunção 35
- ESTUDO DA LÍNGUA 38
  - Formação de palavras 38
- ESCRITA 41
  - Narrativa de aventura 41

MÓDULO 5

LEITURA 42
  Regra de jogo 42
ESTUDO DA LÍNGUA 45
  As letras **g** e **j** 45
ESTUDO DA LÍNGUA 47
  Uso de pronomes 47
ESCRITA 50
  Regra de jogo 50

MÓDULO 6

LEITURA 51
  Artigo de opinião 51
ESTUDO DA LÍNGUA 55
  Verbo: pessoa e número 55
ESTUDO DA LÍNGUA 58
  Pontuação: vírgula, ponto e vírgula e dois-pontos 58
ESCRITA 61
  Artigo de opinião 61

MÓDULO 7

LEITURA 62
  Resenha 62
ESTUDO DA LÍNGUA 65
  Variedades linguísticas 65
ESTUDO DA LÍNGUA 67
  Pronomes no texto 67
ORALIDADE 70
  Resenha 70

MÓDULO 8

LEITURA 71
  Crônica 71
ESTUDO DA LÍNGUA 74
  Os diferentes sentidos das palavras e expressões 74
ESTUDO DA LÍNGUA 77
  Efeito de sentido da pontuação: reticências, aspas e parênteses 77
ESCRITA 80
  Crônica 80

MÓDULO 1

LEITURA

Verbete de dicionário

Além de apresentar os significados das palavras, os verbetes de dicionário podem trazer diversas informações sobre cada termo, como a separação silábica, a identificação da sílaba tônica, a classificação gramatical e alguns exemplos de uso.

Veja a reprodução de parte de uma página de dicionário em que encontramos vários verbetes com algumas dessas informações.

sapateiro

sapateiro, ra ⟨sa.pa.tei.ro, ra⟩ substantivo Pessoa que fabrica, vende ou conserta calçados. ◻ FAMÍLIA: →sapato.

sapatilha ⟨sa.pa.ti.lha⟩ substantivo feminino Calçado leve e confortável, geralmente de tecido e com sola flexível: *As bailarinas usam sapatilhas para dançar nas pontas dos pés.* ◻ FAMÍLIA: →sapato.

sapato ⟨sa.pa.to⟩ substantivo masculino Calçado fechado, de sola dura, e que cobre somente o pé. ◻ FAMÍLIA: sapataria, sapateiro, sapatilha.

sapê ⟨sa.pê⟩ substantivo masculino Grama comprida usada como cobertura em cabanas. ◻ É uma palavra de origem tupi.

sapo, pa ⟨sa.po, pa⟩ substantivo Animal de pele rugosa, que vive próximo à água e que tem as patas de trás maiores que as da frente.

SAPO

sapoti ⟨sa.po.ti⟩ substantivo masculino Fruto de casca marrom, sementes pretas e polpa de sabor muito doce.

sarda ⟨sar.da⟩ substantivo feminino Mancha pequena e escura na pele: *Meu primo é ruivo e tem muitas sardas.*

sardinha ⟨sar.di.nha⟩ substantivo feminino Peixe comestível, de cor prateada, pequeno e comprido, e que vive em grandes grupos.

SARDINHA

sargento ⟨sar.gen.to⟩ substantivo Militar que ocupa um dos postos de graduados na Marinha, no Exército ou na Aeronáutica. ◻ Não varia em masculino e feminino.

sarna ⟨sar.na⟩ substantivo feminino Doença de pele contagiosa que causa coceira.

satélite ⟨sa.té.li.te⟩ substantivo masculino **1** Corpo que gira ao redor de um planeta: *A Lua é um satélite da Terra.* **2** Aparelho lançado no espaço e que dá voltas ao redor da Terra: *Vimos imagens de satélite em tempo real na televisão.*

satisfação ⟨sa.tis.fa.ção⟩ substantivo feminino **1** Prazer que se sente por algo: *Recebeu o prêmio com bastante satisfação.* **2** Razão ou explicação: *Os pais pediram satisfações sobre seu aproveitamento na escola.* ◻ O plural é *satisfações*. ◻ FAMÍLIA: →satisfazer.

Dicionário didático básico: Ensino Fundamental. São Paulo: SM, 2008. p. 416.

Estudo do texto

1. Observe a palavra que aparece em roxo no topo da página do dicionário.

a) Essa mesma palavra aparece como entrada de algum verbete? Em que posição esse verbete aparece na página?

_____

b) Por que essa palavra é apresentada no topo da página?

_____
_____

2. Leia o verbete **sapatilha** na reprodução da página de dicionário.

a) Após a palavra de entrada do verbete, aparece uma informação entre parênteses. Que informação é essa?

_____

- Parte dessa informação está sublinhada. O que esse destaque indica?

_____
_____

b) Logo após a informação entre parênteses, aparece a classificação gramatical da palavra **sapatilha**. O que é informado sobre ela?

_____
_____

c) Depois da classificação da palavra, apresenta-se sua definição. Sublinhe esse trecho no verbete.

d) Depois da definição, há uma informação destacada em itálico. O que ela apresenta?

_____
_____

3. Agora leia o verbete **satélite**. O que os números **1** e **2** indicam nesse verbete?

_____
_____

sete 7

ESTUDO DA LÍNGUA

Diferença entre como a palavra é escrita e como é pronunciada

1. Leia este trecho de uma história em quadrinhos com o Chico Bento, personagem da Turma da Mônica.

Mauricio de Sousa. Tem abelha na goiabeira. Em: *Chico Bento*, n. 435, p. 3, 2004. Fragmento.

a) Compare como a mesma palavra aparece em um dicionário e na HQ.

Registro no dicionário	Registro na HQ
goiabeira	goiabéra

Agora, pronuncie a palavra **goiabeira** em voz alta algumas vezes. Preste atenção nos sons pronunciados. Você pronunciou todos os sons representados pelas vogais nessa palavra ou percebeu que omitiu algum?

_____

_____

b) Na HQ, a palavra foi registrada com a forma **goiabera** para representar:

☐ o modo como foi pronunciada por Chico Bento.

☐ a forma convencional de escrevê-la.

8 oito

MÓDULO 1

2. Leia outro trecho de uma HQ com a personagem Chico Bento.

Mauricio de Sousa. Tesouros escondidos no colchão. Em: *Chico Bento*, n. 435, 2004. Fragmento.

a) Copie dos quadrinhos a palavra **ouro** como foi escrita. _____

- Ao pronunciar essa palavra, Chico Bento omitiu o som representado por uma vogal. Que vogal é essa? _____

b) Copie dos quadrinhos a palavra **tesouro** como foi escrita. _____

- Ao pronunciar essa palavra, Chico Bento novamente omitiu o som representado por uma vogal. Que vogal é essa? _____

- Além da omissão dessa vogal, há outra diferença entre a forma escrita convencional (**tesouro**) e a representação da forma falada dessa palavra na HQ (**tisoro**). Que diferença é essa?

_____

c) Com base nas observações feitas nos itens anteriores, podemos afirmar que:

☐ muitas vezes, na língua falada, alguns sons são omitidos ou pronunciados de maneira diferente de suas representações escritas.

☐ sempre pronunciamos as palavras como as escrevemos.

nove **9**

3. Complete as frases de acordo com a norma-padrão.

a) Comprei uma _____ nova para cortar cabelos. (tesoura/tisora)

b) Escorreguei ladeira _____. (abaixo/abaxo)

c) Amo comer _____ com farinha. (feijão/fejão)

4. Leia as adivinhas a seguir e encontre as respostas no diagrama.

a) Trabalha nos correios. Sua profissão é entregar cartas.

b) Eletrodoméstico utilizado para o banho.

c) Tábua horizontal na parede onde se colocam pratos e outros vasilhames.

d) Arbusto que dá origem à rosa.

P	R	A	T	E	L	E	I	R	A	H	C
X	S	E	F	L	H	O	W	R	Q	I	H
P	C	A	R	T	E	I	R	O	B	P	U
A	W	J	A	R	R	N	B	S	D	A	V
I	R	O	B	E	I	R	U	E	R	R	E
C	H	U	J	I	T	E	T	I	O	A	I
H	P	E	I	R	O	C	O	R	U	K	R
E	A	L	P	Y	U	S	V	A	S	I	O

5. Substitua as ilustrações por palavras e reescreva as frases.

a) Mergulhadores encontraram um formado por moedas de .

_____

_____

b) Vovó preparou um delicioso filé de com .

_____

c) A está ao lado da ____ .

_____

ESTUDO DA LÍNGUA

Acentuação de ditongos e hiatos

1. Separe as sílabas das palavras a seguir.

a) água _____

b) ruína _____

c) solidário _____

d) tábua _____

e) Jacareí _____

f) viúva _____

g) moeda _____

h) ouro _____

2. Agora, distribua as palavras da atividade **1** nos quadros abaixo.

Palavras com ditongo	Palavras com hiato

3. Leia estas palavras e acentue-as, se necessário.

vestuario	chapeu	bau	madeira
gloria	saida	pasteis	doi

4. Preencha o quadro a seguir com as palavras apresentadas na atividade **3**.

São acentuadas as paroxítonas terminadas em ditongo.	
São acentuadas as oxítonas e os monossílabos tônicos com ditongos abertos (**éi**, **éu** e **ói**) na sílaba tônica.	
São acentuados os hiatos com **i** e **u** tônicos quando aparecem sozinhos na sílaba ou seguidos de **s**.	

onze 11

5. Leia as palavras, separe-as em sílabas e circule a sílaba tônica.

a) centopeia – _____

b) ideia – _____

c) heroico – _____

d) geleia – _____

e) epopeia – _____

6. Acentue as palavras e separe-as em sílabas.

saude – _____   faisca – _____

saida – _____   ciume – _____

a) As palavras que você acentuou apresentam:

☐ ditongo.   ☐ tritongo.   ☐ hiato.

b) Assinale a regra que justifica a acentuação dessas palavras.

☐ Todas as palavras paroxítonas terminadas em ditongo são acentuadas.

☐ São acentuados os hiatos com **i** e **u** tônicos quando aparecem sozinhos na sílaba ou seguidos de **s**.

7. Descubra as respostas das adivinhas a seguir e complete a cruzadinha.

1. Tem cor azul-celeste em dias ensolarados e sem nuvens. É um monossílabo tônico que apresenta ditongo.

2. Adereço de cabeça. É uma palavra oxítona que apresenta ditongo.

3. Nome de uma espécie de formiga. Apresenta hiato.

4. Instrumento de sopro cujo nome apresenta ditongo.

ESCRITA

Verbete de dicionário

Chegou a hora de escrever verbetes e produzir uma página de dicionário. Siga as etapas descritas aqui e bom trabalho!

Planejamento e escrita

Em uma folha avulsa, faça o rascunho dos verbetes de acordo com os itens a seguir.

1. **Ordem alfabética**: escolha de quatro a seis palavras que comecem com as mesmas letras e registre-as em ordem alfabética. Por exemplo: **br**igadeiro, **br**ilhar, **br**incar, **br**inquedo.

2. **Sílabas**: separe as sílabas das palavras selecionadas e sublinhe a sílaba mais forte de cada uma.

3. **Classificação**: classifique os termos, informando se são substantivos, adjetivos, verbos ou pronomes.

4. **Significado**: pesquise o significado ou os significados das palavras e escreva suas definições. Se houver dois ou mais sentidos para o mesmo termo, lembre-se de separar com números as definições no verbete: **1**, **2**, **3**, etc.

5. **Exemplos de uso**: crie uma frase curta para dar um exemplo de uso da palavra.

6. **Imagens ilustrativas**: escolha uma ou duas palavras para serem acompanhadas por imagens. Pesquise uma foto ou faça uma ilustração para os verbetes produzidos.

Finalização

1. Revise os textos que produziu, corrigindo o que for necessário.

2. Em uma folha avulsa, delimite o espaço que cada verbete ocupará.

3. Passe a limpo os textos nos espaços reservados. Lembre-se de: colocar a separação silábica entre parênteses logo em seguida da palavra de entrada do verbete; destacar a sílaba tônica; indicar a classificação da palavra; dar a definição (ou as definições); encerrar o verbete com um exemplo.

4. Cole as imagens nos locais adequados.

Depois de pronta, troque sua produção com a de um colega. Além de compartilhar sua pesquisa, você vai ampliar seu vocabulário, conhecendo novas palavras e significados!

treze 13

MÓDULO 2

LEITURA

Anedota

As anedotas estão na boca de todos. Trata-se de histórias curtas que têm como objetivo provocar o riso.

Dos mais novos aos mais velhos, todos gostam de contar anedotas.

Leia a anedota a seguir, mas não vale ficar sério!

III

Uma velhota de bengala, carregando uma mala pesada, chama um táxi lá na esquina.

— Bom dia, senhora. Para onde vamos? — pergunta o motorista.

— Depende. Quanto é a corrida pro Bexiga?

— Calculo uns trinta, se o trânsito ajudar.

— Sim, mas e *questa* mala?

— Não se preocupe, senhora, vai de graça.

— *Ecco, va benne*. Então me leva a bagagem, que eu vou a pé mesmo.

Maurício Negro. *Por fora bela viola*. São Paulo: SM, 2014. p. 19.

Estudo do texto

1. A anedota é um texto curto que apresenta elementos narrativos. Quais são as personagens da anedota lida?

_____

_____

2. Onde a história acontece?

_____

_____

3. Que trecho da anedota comprova a resposta à atividade anterior?

_____

_____

MÓDULO 2

4. Pelos fatos narrados na anedota, é possível afirmar que a história acontece em um longo ou em um curto período de tempo? Por quê?

_____

_____

5. Qual é a situação inusitada que causa riso na anedota lida?

_____

_____

_____

_____

_____

_____

Vanessa Alexandre/ID/BR

6. Releia estas duas falas da anedota.

> — Sim, mas e *questa* mala?
>
> — *Ecco, va benne.* Então me leva a bagagem, que eu vou a pé mesmo.

a) As palavras **questa**, **ecco** e **va benne** pertencem à língua portuguesa?

_____

b) Você conhece o significado dessas palavras? Em caso afirmativo, qual é o significado delas?

_____

_____

_____

7. Uma das características da anedota é a oralidade. Que marcas textuais de oralidade há na anedota lida?

☐ A presença de poucas personagens.

☐ A presença de expressões como **pro**.

☐ A presença de adjetivos.

quinze **15**

ESTUDO DA LÍNGUA

Tempos verbais

1. Releia um trecho da anedota.

> Uma velhota de bengala, carregando uma mala pesada, <u>chama</u> um táxi lá na esquina.

A palavra sublinhada é um:

☐ substantivo.

☐ verbo.

☐ adjetivo.

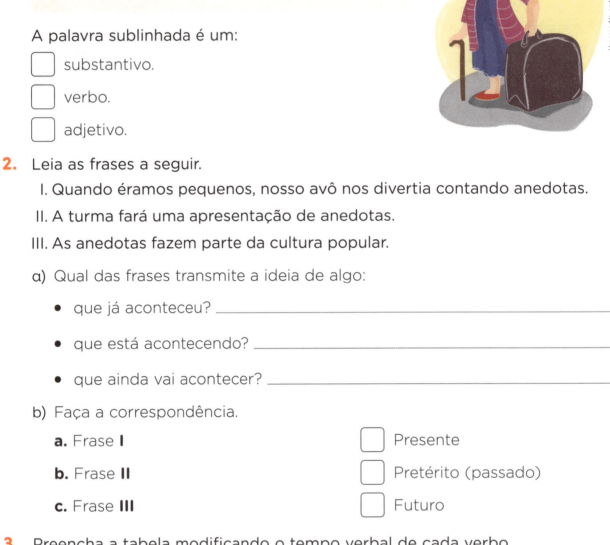

2. Leia as frases a seguir.

I. Quando éramos pequenos, nosso avô nos divertia contando anedotas.

II. A turma fará uma apresentação de anedotas.

III. As anedotas fazem parte da cultura popular.

a) Qual das frases transmite a ideia de algo:

- que já aconteceu? _____
- que está acontecendo? _____
- que ainda vai acontecer? _____

b) Faça a correspondência.

a. Frase **I** ☐ Presente

b. Frase **II** ☐ Pretérito (passado)

c. Frase **III** ☐ Futuro

3. Preencha a tabela modificando o tempo verbal de cada verbo.

Presente	Passado	Futuro
diverte		
alegram		

4. Leia a frase a seguir.

> Contação de piadas ajuda na recuperação de doentes em hospital.

a) Circule o verbo que há na frase que você leu.

b) Esse verbo refere-se a uma ação que:

☐ está acontecendo.

☐ já aconteceu.

☐ vai acontecer.

c) Reescreva a frase de modo que o verbo se refira a algo ocorrido no passado.

_____

_____

d) Reescreva a frase de modo que o verbo se refira a algo que vai acontecer no futuro.

_____

_____

5. Leia a tira.

Tira *Turma da Mônica* nº 5949 – Banco de Imagens MSE.

Complete o texto a seguir com as palavras do quadro.

> escutou   chegou   agradeceu   emprestou   gritou   caiu

Cascão _____ do barranco e _____ por socorro.

Para piorar a situação, _____ um forte trovão: sinal de chuva.

Felizmente, Cebolinha _____ e _____ um guarda-chuva a Cascão, que _____.

dezessete 17

6. Complete as frases de acordo com o verbo e o tempo solicitado.

a) _____ muito. (chover / passado)

b) _____ para Natal com meus pais. (viajar / futuro)

c) _____ valente e corajosa. (ser / presente)

7. Leia esta outra tira, destaque os verbos apresentados nas falas das personagens e responda ao que se pede.

O mundo de Leloca. Disponível em: http://www.saladeatividades.com.br/atividades_de_portugues/verbos/tirinhas/. Acesso em: 19 abr. 2022.

a) A fala da personagem no primeiro quadrinho: "[...] eu andava de velocípede" indica que a ação aconteceu no:

☐ passado. ☐ presente. ☐ futuro.

b) Complete a fala que mostra como ele se locomove hoje.

Hoje eu _____ de bicicleta.

c) Qual é a pergunta feita pelo irmão de Leloca?

_____

d) Como Leloca imagina que ele se locomoverá no futuro? Complete a frase.

Com o trânsito do jeito que tá? Você _____ a pé!

8. Complete o quadro com o verbo **andar**, de acordo com a tirinha.

Passado	Presente	Futuro
_____ de velocípede.	_____ de bicicleta.	Como _____? _____ a pé.

18 dezoito

ESTUDO DA LÍNGUA

Palavras terminadas em -ão e -am

1. Leia a tira.

Jim Davis. Disponível em: http://crazyseawolf.blogspot.com/2014/11/as-leis-do-garfield-tiras-nostalgicas.html. Acesso em: 19 abr. 2022.

a) A palavra **acordarão** em destaque na tira está no tempo:

☐ pretérito (passado).

☐ futuro.

b) Reescreva o trecho, passando o verbo **acordarão** para o tempo verbal que você não assinalou no item anterior.

_____

_____

2. Leia estas frases.

> O gato andou em cima do homem.

> O gato chacoalhou o homem.

a) Imagine que haja mais de um gato praticando cada ação. Reescreva as frases fazendo as alterações necessárias.

_____

_____

b) Agora, complete a frase usando o tempo futuro.

Os gatos _____ (andar) em cima do homem e o

_____ (chacoalhar).

dezenove **19**

3. Complete as frases com o tempo verbal adequado.

a) Ontem eles _____ bola. (jogaram/jogarão)

b) Amanhã eles _____ no tobogã. (brincaram/brincarão)

c) Laura e Marina _____ de madrugada. (viajaram/viajarão)

d) Os noivos _____ logo depois da festa. (fugiram/fugirão)

4. Leia as frases a seguir e reescreva-as passando os verbos do passado para o futuro.

a) Juntos, eles venceram a primeira rodada.

_____

b) Papai e mamãe chegaram tarde.

_____

c) Meus amigos vieram de muito longe.

_____

d) As plantas morreram pela falta de água.

_____

5. Leia o bilhete que Fábio escreveu para a professora e responda às perguntas.

> Cara professora,
>
> Não poderei comparecer às atividades extras de Matemática porque meus pais viajarão para a praia e precisarei acompanhá-los.
>
> Atenciosamente,
> Fábio

a) O bilhete indica um acontecimento que ocorreu no passado ou que ocorrerá no futuro?

_____

b) Explique como você fez para descobrir.

_____

_____

ESCRITA

Anedota

Você leu uma anedota e conheceu as características desse gênero textual.

Agora é a sua vez de fazer os outros se divertirem. Você se lembra de alguma anedota da qual tenha rido muito? A proposta desta atividade é que você escreva uma anedota para contá-la aos colegas.

Planejamento

1. Pense em uma anedota que você tenha ouvido e que tenha achado muito engraçada. Tente relembrar todos os detalhes dela para registrá-los em seu texto. As questões abaixo podem ajudar.
   - Quem são as personagens da anedota?
   - Onde a história aconteceu?
   - Em que tempo ela ocorreu?
   - Quais são os fatos narrados?
   - Que situação inusitada desperta o riso na anedota?

Escrita

1. Organize as informações e escreva a anedota que você quer contar.
2. Use uma linguagem mais coloquial, que aproxime seu texto da oralidade, explorando os diálogos e o duplo sentido das palavras para tornar a história mais dinâmica.
3. Registre adequadamente a situação inusitada, pois ela será a responsável por quebrar a expectativa do leitor e despertar o humor.
4. Assim que terminar, revise seu texto para evitar erros.
5. Ilustre a sua anedota.

No dia combinado, entregue seu texto ao professor. Depois, conte sua anedota para seus amigos e familiares para que todos se divirtam.

MÓDULO 3

LEITURA

Reportagem

Você sabe de onde vem a palavra **favela** e como as primeiras favelas surgiram? Leia a reportagem a seguir e descubra.

A favela: inovações e soluções

Sobre o morro ou mesmo no plano, as casas ficam muito próximas umas das outras. Algumas são de madeira... Outras, de tijolos aparentes... Outras, ainda, bem caprichadas. As ruas são estreitas e nem sempre asfaltadas. Há muita, muita gente circulando, entrando e saindo. Boa parte das pessoas se orgulha de viver ali, mas também há quem queira se mudar. Estamos falando da favela.

No Brasil, as primeiras favelas surgiram no começo do século 20, mais precisamente no Rio de Janeiro. Naquela época, os governantes decidiram urbanizar o velho centro da cidade. Isso significava expulsar moradores de determinadas áreas, especialmente os pobres que habitavam os cortiços, que eram um tipo de moradia coletiva. O objetivo era garantir um ambiente mais saudável – em outras palavras, queriam mandar os pobres para longe.

Sem ter onde morar, as famílias expulsas se encaminharam para os **subúrbios**, onde se abrigaram em outros cortiços, ou passaram a ocupar os morros em torno do Centro, construindo barracos. Sem o apoio dos governantes para atender às suas necessidades básicas – como água, luz e transporte –, os moradores tiveram de encontrar suas próprias soluções para o dia a dia.

[...]

Favela do Vidigal, na cidade do Rio de Janeiro.

> **Subúrbio:** região de uma cidade afastada de seu centro; periferia.

Para entender a organização

A favela não pode ser vista somente como lugar de pobreza, de carência, de falta de estrutura. A favela é um local que se inventou, que se destaca por iniciativas que dão resultados quando compartilhadas pela comunidade.

Quer ver só? Você por acaso já ouviu falar em "consumo colaborativo" ou em "economias de compartilhamento"? Quem mora na favela conhece bem isso. De maneira muito simples, podemos dizer que são organizações locais, nas quais alguns moradores trabalham para fornecer produtos e serviços para outros moradores, como transporte, comida e muito mais. [...]

Dando o próprio jeito

De muitas maneiras, portanto, a favela cria soluções sustentáveis para as dificuldades da vida, com um tipo de produção local que atende às necessidades de quem vive lá. Agora, por que será que a favela precisa criar suas próprias soluções? Porque, assim como no passado, os governantes não olham as favelas como parte da cidade. Permanece a visão de que é um mundo à parte. E, entendendo assim, não oferecem o mesmo serviço de energia elétrica, limpeza, transporte e tudo mais que se vê nos bairros normalmente.

Favela: comunidade ou planta?

No início do século 20, no Rio de Janeiro, quando os soldados que voltavam do sertão da Bahia, depois de lutar na Guerra de Canudos, ficaram sem salários e sem lugar para morar, eles – assim como pessoas mais pobres banidas do Centro do Rio – passaram a improvisar moradias no Morro da Providência. Neste morro havia uma planta que eles conheceram no Nordeste e que se chamava... favela! Daí, então, o Morro da Providência foi apelidado de Morro da Favela e todas as demais comunidades que se organizaram sobre morros passaram a se chamar favela.

Morro da Providência, na cidade do Rio de Janeiro, 1966.

Distantes da realidade

Para muitas pessoas, favela é lugar de violência e de bandidos. Mas, também, há muita gente que pratica diversos atos de violência que não mora em favela, há muita gente que descumpre as leis do país e leva uma vida de luxo. [...]

Assim como nos sentimos acolhidos em certos bairros, também encontramos hospitalidade e gentileza na favela. Duvidar disso é preconceito, é pressupor que não podem existir bons sentimentos entre as pessoas que habitam as favelas.

[...]

O que é a favela, então?

Favela pode ser necessidade para alguns e local de identidade para outros. Deste modo, o termo "favelado" pode tanto se referir a pessoas que, pela condição de pobreza, não têm opção de moradia quanto pode designar aqueles que se identificam com o lugar onde vivem e que aprenderam a se virar na base da criatividade, da inventividade e do trabalho duro.

[...]

Guerra de Canudos: conflito no sertão baiano ocorrido entre 1896 e 1897, entre o povoado de Canudos, no interior da Bahia, e a República.
Pressupor: fazer uma suposição, achar.
Designar: indicar, denominar.

Hilaine Yaccoub, Departamento de Antropologia, Universidade Federal Fluminense.
Revista *Ciência Hoje das Crianças*, ano 28, n. 270, ago. 2015.

Estudo do texto

1. Releia o título da reportagem. Ele revela uma opinião a respeito das favelas? Explique com suas palavras.

_____

_____

_____

2. O lide é um texto introdutório que resume os principais elementos que serão abordados no texto jornalístico. Onde entra o lide na reportagem?

_____

3. Quem assina a reportagem? Onde essa pessoa trabalha e qual é a relevância de seu trabalho?

_____

_____

_____

_____

4. Marque um **X** na função dos subtítulos no texto lido.

☐ Organizar os diferentes assuntos abordados na reportagem.

☐ Indicar as pessoas que serão citadas no texto.

☐ Dividir o texto em blocos, facilitando a leitura.

☐ Contar a história das favelas no Brasil em ordem cronológica.

5. Segundo a reportagem, quando e onde surgiram as primeiras favelas?

_____

6. Ao abordar o surgimento das favelas, o texto conta que os governantes decidiram urbanizar o centro da cidade. Na prática, o que isso significava?

_____

_____

_____

MÓDULO 3

7. Embora a falta de apoio dos governantes tenha dificultado as condições de vida dos moradores das favelas, que iniciativas positivas surgiram diante das dificuldades?

_____

_____

_____

_____

8. Além de oferecer informações aos leitores, a reportagem traz opiniões a respeito de um tema. Em "Para entender a organização", sublinhe o trecho que expressa de maneira explícita uma opinião.

Que exemplos são fornecidos para sustentar essa opinião?

_____

_____

_____

9. Segundo a reportagem, qual é a origem do nome **favela**?

_____

_____

_____

_____

_____

Planta conhecida popularmente por favela.

10. Por que a reportagem afirma que a favela é um lugar de necessidade para alguns e de identidade para outros?

_____

_____

_____

_____

_____

vinte e cinco **25**

ESTUDO DA LÍNGUA

Pronomes demonstrativos

1. Observe as frases e as ilustrações a seguir.

Este livro é muito bom! | Você achou esse livro divertido? | Aqueles livros são da biblioteca.

a) Circule os pronomes demonstrativos nas frases acima.

b) Que pronome demonstrativo foi usado para indicar algo próximo da pessoa com quem se fala? _____

c) Que pronome demonstrativo foi usado para se referir a algo distante da pessoa que fala e da pessoa com quem se fala? _____

d) Que pronome demonstrativo foi usado para indicar algo próximo da pessoa que fala? _____

2. Circule somente os pronomes demonstrativos.

> nós   estes   nenhum   aqueles   essas   nossos
> ela   isto   aquilo   alguns   esta   elas

3. Complete as frases a seguir com pronomes demonstrativos.

a) _____ é meu prato preferido. (perto de quem fala)

b) _____ carro muito confortável! (longe de quem fala e da pessoa com quem se fala)

c) _____ é a nossa escola. (estudante falando com colega dentro da escola)

d) _____ é a nossa escola. (estudante apontando para a escola de longe e mostrando-a para um colega próximo a ele)

26 vinte e seis

4. Releia o último parágrafo do texto da seção *Leitura*.

> Favela pode ser necessidade para alguns e local de identidade para outros. Deste modo, o termo "favelado" pode tanto se referir a pessoas que, pela condição de pobreza, não têm opção de moradia, quanto pode designar **aqueles** que se identificam com o lugar onde vivem e que aprenderam a se virar na base da criatividade, da inventividade e do trabalho duro.

O pronome demonstrativo destacado se refere a que ou a quem no texto?

_____

5. Leia o texto a seguir.

> Muitas pessoas moram na favela por não terem condições de viver em outro local. Mas há aquelas que gostam de morar ali e que lutam por melhorias para esse espaço.

a) Circule os pronomes demonstrativos presentes no texto.
b) A quais palavras esses pronomes se referem no texto?

_____
_____
_____

6. Complete o texto a seguir com os pronomes demonstrativos do quadro.

> aquele   esse   esta   estes   este   aquelas   essas

_____ é a minha casa. O quarto de visitas é _____ aqui.

E _____ que acabou de passar por você é meu gato Flocos.

_____ plantas atrás de você são as que eu tenho de esconder do Flocos.

Ah, _____ que você está vendo pela janela é nosso vizinho Jonas

e _____ são suas primas que vieram visitá-lo.

Espero que você aproveite _____ dias de férias aqui!

vinte e sete **27**

7. Leia a cantiga e circule o pronome demonstrativo presente no texto.

> Se essa rua, se essa rua fosse minha
>
> Eu mandava, eu mandava ladrilhar
>
> Com pedrinhas, com pedrinhas de brilhante
>
> Para o meu, para o meu amor passar.

Domínio público.

a) O uso desse pronome na cantiga sugere que a pessoa está:

☐ caminhando pela rua.

☐ próxima da rua.

☐ distante da rua.

b) Que pronome poderia ser utilizado para indicar que a pessoa está na rua, caminhando por ela?

_____

c) Reescreva o primeiro verso usando um pronome que indique que a pessoa está distante da rua ao falar dela.

_____

8. Circule os pronomes demonstrativos em cada grupo de palavras.

meu	aquela	teu
esta	isto	aqueles
foi	é	minha
seu	causo	nossa
essa	vós	esses

9. Encontre os pronomes demonstrativos no diagrama. Depois, copie-os.

A	A	E	S	S	A	I	E
Q	O	U	Y	A	M	Q	S
U	X	E	C	Q	T	W	T
E	J	S	D	U	Z	H	A
L	A	B	D	E	V	I	K
A	Q	U	I	L	O	S	N
F	L	R	P	E	S	T	E
E	S	S	E	C	G	O	B

_____

_____

_____

_____

28 vinte e oito

ESTUDO DA LÍNGUA

A letra x

1. Releia este trecho do texto da seção *Leitura*.

> Assim como nos sentimos acolhidos em certos bairros, também encontramos hospitalidade e gentileza na favela. Duvidar disso é preconceito, é pressupor que não podem existir bons sentimentos entre as pessoas que habitam as favelas.

A letra **x** em **existir** representa o mesmo som que:

- [ ] **ss** na palavra **massa**.
- [ ] **ch** na palavra **chaveiro**.
- [ ] **s** na palavra **casamento**.

2. Leia em voz alta estas duas palavras escritas com a letra **x**.

> próximo   fixo

a) A letra **x** representa o mesmo som nas duas palavras? _____

b) Em qual das duas palavras a letra **x** representa o mesmo som que na palavra **táxi**? _____.

3. Leia a quadrinha abaixo.

Índio do mato é xavante.
Milho socado é xerém.
E a gente chama xará
Quem o mesmo nome tem...

Domínio público.

Vanessa Alexandre/ID/BR

a) Circule no poema todas as palavras escritas com a letra **x**.

b) A letra **x** representa o mesmo som nessas palavras?

_____

4. Quais sons a letra **x** pode representar? Dê exemplos.

_____

_____

vinte e nove 29

5. Leia em voz alta as palavras do quadro e observe as letras destacadas.

> **ch**á   bru**x**a   **ch**alé   **ch**ave   **ch**inelo   lagarti**x**a

As letras destacadas representam:

☐ o mesmo som.
☐ sons diferentes.

6. Relacione as palavras ao som que a letra **x** representa nelas.

exame	**x** representa o mesmo som inicial de **zebra**.
xerife	**x** representa o mesmo som final de **tórax**.
axila	**x** representa o mesmo som inicial de **sapo**.
exposição	**x** representa o mesmo som inicial de **chave**.

7. Complete as palavras com a letra que falta.

Coluna A	Coluna B
quei____o	en____ame
pei____e	en____aguar
amei____a	en____ada

a) Circule a sílaba que antecede o **x** em cada uma das palavras completadas.

b) Agora, complete as frases.

> Após sílabas com **ditongos**, emprega-se a letra _____ para representar o mesmo som ao pronunciar o dígrafo **ch**. Após sílaba inicial **en**, emprega-se a letra _____.

> **DICA!**
> Algumas palavras apresentam exceções, como o verbo **encher** e seus derivados e palavras em que a sílaba **en** se juntou a uma palavra iniciada por **ch** (**encharcar**).

ESCRITA

Reportagem

Você vai escrever uma reportagem falando sobre um tema de seu interesse e depois vai entregá-la ao professor. Pode ser sobre a origem de um objeto, de um lugar ou de uma comemoração importante, por exemplo.

Planejamento

1. Escolha o tema sobre o qual você vai escrever e pesquise o assunto. Para se guiar na pesquisa, faça algumas perguntas, como: Quando esse lugar foi construído (ou esse objeto foi inventado)? Por que ele foi construído (ou inventado)? Por que ele é importante até hoje?

2. Busque informações em livros, *sites* e revistas. Se necessário, pesquise termos desconhecidos em um dicionário.

Escrita

1. Escreva uma primeira versão da reportagem com base na pesquisa que você fez. Lembre-se de:
   - incluir um lide, apresentando o tema principal da reportagem;
   - fazer uma conclusão que retome o que foi apresentado no texto;
   - incluir uma foto com legenda para ilustrar e complementar o texto;
   - dar um título interessante à reportagem, que chame a atenção do leitor.

2. Escolha a linguagem mais adequada para o texto, levando em consideração o público que vai lê-lo.

3. Procure utilizar pronomes (demonstrativos, pessoais, possessivos, etc.) para evitar repetições e retomar ou antecipar elementos do texto.

4. Você pode desenvolver a reportagem em um bloco único ou incluir subtítulos, como na reportagem da seção *Leitura*.

5. Depois de escrever a primeira versão da reportagem, revise o texto e faça as alterações que considerar necessárias.

6. Passe seu texto a limpo em uma folha avulsa e insira a fotografia relacionada ao tema que você selecionou. Não deixe de citar a fonte (*site*, revista, blogue, etc.) da qual ela foi retirada.

Por fim, entregue a reportagem produzida ao professor.

MÓDULO 4

LEITURA

Narrativa de aventura

As narrativas de aventura são histórias de luta, coragem e amor. Você já ouviu falar das histórias do rei Artur e os cavaleiros da Távola Redonda? Eles são personagens da literatura inglesa que se envolvem em diversas aventuras.

Leia um trecho dessa narrativa e conheça algumas de suas personagens.

Lancelot e Guinevere

Lancelot e Artur eram inseparáveis. Já haviam perdido a conta de quantas vezes, em batalha, um havia salvado a vida do outro. Conta-se que a terra estremecia — e, se não a terra, com certeza o coração dos inimigos — quando Artur investia a galope, agitando a poderosa **Excalibur** acima da cabeça. E quando o rei tinha ao seu lado seu cavaleiro predileto, Lancelot, que jamais fora derrotado nem na guerra nem em torneios, não havia exército que não pensasse em se render ou cidade que não abrisse seus portões e deixasse entrar os cavaleiros de Artur.

Mas não só histórias de batalha **brotaram** em **Camelot**. Custou a Guinevere reconhecê-lo, e Lancelot não aceitava em si o sentimento. Mas o caso é que a rainha, se amava brandamente Artur, seu esposo, entrou em comoção por Lancelot desde a primeira vez em que o viu. Finalmente, Guinevere ganhou a certeza de que morreria em breve, consumida pelo que sentia por Lancelot, mas que morreria também, de culpa, caso se entregasse a esse sentimento que só prenunciava tragédias.

Foi então Lancelot chamado a matar um dragão que atormentava os vilarejos de um [...] aliado de Artur, chamado Pelles. A luta contra a fera foi tremenda. [...]

Mas *Sir* Lancelot conseguiu afinal **cravar** sua lança entre os olhos da fera. [...]

De lá, Lancelot rumou para Corbin, para o castelo do rei Pelles, que, além de agradecimentos, lhe ofereceu hospitalidade por aquela noite. Ocorre que Pelles tinha uma filha, Elaine, que se apaixonou por Lancelot no instante em que o viu. No entanto, o cavaleiro, além dos deveres de **cortesia**, mostrou-se indiferente aos olhares da moça.

Excalibur: espada do rei Artur.
Brotar: surgir, nascer.
Camelot: principal cidade do reino do rei Artur.
Sir: senhor, cavaleiro, em inglês.
Cravar: enterrar, enfiar.
Cortesia: educação.

MÓDULO 4

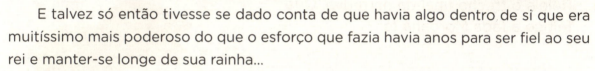

À noite, na escuridão do seu quarto, Elaine desesperou-se ao pensar que, antes mesmo que o Sol nascesse, Lancelot partiria, e ela jamais tornaria a vê-lo. Foi então que recebeu uma visita.

Elaine jamais saberia como Morgana surgiu em seu quarto, mas, em sua paixão, não fez perguntas. A fada lhe sussurrou que fosse ao quarto de Lancelot e batesse à porta, prometendo que, ao vê-la, ele não resistiria aos seus encantos.

Quando Lancelot abriu a porta, não foi Elaine que viu diante de si, mas Guinevere:

— Não... — gemeu horrorizado o cavaleiro.

E talvez só então tivesse se dado conta de que havia algo dentro de si que era muitíssimo mais poderoso do que o esforço que fazia havia anos para ser fiel ao seu rei e manter-se longe de sua rainha...

[...]

Sir Thomas Mallory. *A lenda do rei Artur*. Adaptação de Luiz Antonio Aguiar. São Paulo: Melhoramentos, 2005. p. 28-30.

Estudo do texto

1. Sobre as personagens da história, responda.

a) Quem eram Artur e Lancelot?

_____

_____

b) E Guinevere, quem era?

_____

_____

c) Como Lancelot conheceu o rei Pelles e a filha dele, Elaine?

_____

_____

_____

d) O que mais atormentava Lancelot?

☐ Ter de lutar com dragões.   ☐ Apaixonar-se por Elaine.

☐ Trair a confiança do rei Artur.   ☐ Enganar Guinevere.

trinta e três **33**

2. Por que Guinevere sentia culpa? Assinale a alternativa correta.

☐ Porque Lancelot era melhor guerreiro que Artur.

☐ Porque se apaixonou por Lancelot, amigo inseparável do rei.

☐ Porque o rei Artur enviou Lancelot para matar um dragão.

3. Numere os fatos descritos de acordo com a ordem em que ocorreram.

☐ Elaine vai até o quarto de Lancelot.

☐ O rei Pelles convida Lancelot para passar a noite em seu castelo.

☐ A fada Morgana aparece no quarto de Elaine.

☐ Lancelot luta e mata o dragão que atormentava um vilarejo.

4. Releia o trecho final da narrativa. Que feitiço a fada Morgana fez?

_____

_____

_____

_____

_____

_____

_____

5. Qual foi a reação de Lancelot ao se deparar com Elaine na porta de seu quarto? Justifique sua resposta.

_____

_____

_____

6. O que é possível afirmar a respeito do narrador?

☐ É um narrador em primeira pessoa, contando uma história que viveu ao lado dos cavaleiros da Távola Redonda.

☐ É um narrador em terceira pessoa que, apesar de não ter vivido a história, tem bom conhecimento dela, sendo capaz de contá-la.

34 trinta e quatro

ESTUDO DA LÍNGUA

Conjunção

1. Releia os trechos a seguir, retirados da narrativa que você viu na seção *Leitura*, e preste atenção nas palavras destacadas.

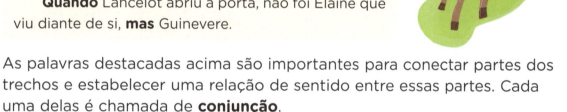

> Custou a Guinevere reconhecê-lo, **e** Lancelot não aceitava em si o sentimento.

> **Mas** o caso é que a rainha, **se** amava brandamente Artur, seu esposo, entrou em comoção por Lancelot desde a primeira vez em que o viu.

> **Quando** Lancelot abriu a porta, não foi Elaine que viu diante de si, **mas** Guinevere.

As palavras destacadas acima são importantes para conectar partes dos trechos e estabelecer uma relação de sentido entre essas partes. Cada uma delas é chamada de **conjunção**.

a) A conjunção **e**, no primeiro trecho, expressa uma relação de:
- [ ] oposição.
- [ ] tempo.
- [ ] adição.
- [ ] condição.

b) A conjunção **mas**, no segundo trecho, expressa uma relação de:
- [ ] oposição.
- [ ] tempo.
- [ ] adição.
- [ ] condição.

c) A conjunção **se**, também no segundo trecho, expressa uma relação de:
- [ ] oposição.
- [ ] tempo.
- [ ] adição.
- [ ] condição.

d) A conjunção **quando**, no terceiro trecho, expressa uma relação de:
- [ ] oposição.
- [ ] tempo.
- [ ] adição.
- [ ] condição.

e) A conjunção **mas**, no terceiro trecho, expressa uma relação de:
- [ ] oposição.
- [ ] tempo.
- [ ] adição.
- [ ] condição.

2. Reescreva cada frase a seguir, substituindo o termo ou a expressão em destaque por uma conjunção do quadro. Atenção: mantenha as relações de sentido indicadas entre parênteses.

a) Lancelot não amava Elaine, **mas** amava Guinevere. (relação de **oposição**)

> portanto porém caso pois

_____

_____

b) Lancelot continuaria desencantado por Elaine, **desde que** nenhuma fada lhe fizesse um feitiço. (relação de **condição**)

> se pois todavia nem

_____

_____

c) **Assim que** o rei Artur viu Lancelot a seu lado, soube que sairia vitorioso da batalha. (relação de **tempo**)

> contudo quando como porquanto

_____

_____

3. Leia as frases e indique, em cada caso, se o termo ou a expressão em destaque expressa o sentido de causa ou finalidade. Use: **CA** para indicar **causa** ou **FI** para indicar **finalidade**.

☐ A fada Morgana era especial, **porque** tinha poderes incríveis.

☐ Elaine aceitou a ajuda da fada, **a fim de que** Lancelot não partisse de Corbin.

☐ Lancelot foi chamado a matar um dragão, **para que** os vilarejos de Pelles, rei aliado de Artur, voltassem a ter paz.

☐ Guinevere morreria de culpa, **pois** era consumida pelo que sentia por Lancelot.

Vanessa Alexandre/ID/BR

4. Leia as frases e marque o sentido expresso pelas conjunções.

a) O coronavírus é contagioso, **portanto** devemos usar máscara.

☐ conclusão ☐ explicação ☐ oposição

b) Morador de rua estudou todos os dias **para** conseguir passar no concurso.

☐ explicação ☐ condição ☐ finalidade

c) Maurício faltou à aula, **entretanto** fez todas as atividades.

☐ oposição ☐ adição ☐ conclusão

d) João não fez as provas, **logo** não foi aprovado.

☐ oposição ☐ adição ☐ conclusão

5. Leia a tirinha e responda às questões.

a) No trecho "... **pois** pode começar pelo seu quarto!", a conjunção dá ideia de:

☐ conclusão. ☐ condição. ☐ oposição.

b) Que outra palavra ou expressão poderia ser utilizada no lugar de **pois** nessa tirinha, sem alterar o sentido do texto?

☐ Logo, portanto, assim, por isso, dessa forma.

☐ Porque, visto que, uma vez que, dado que.

☐ Mas, porém, contudo, todavia, no entanto.

c) Copie o trecho em que a conjunção expressa uma relação de oposição.

_____

d) Comente a fala da personagem Armandinho nessa tirinha.

_____

_____

6. Construa uma frase usando uma conjunção que expresse relação de condição.

_____

trinta e sete **37**

ESTUDO DA LÍNGUA

Formação de palavras

1. Releia este trecho da narrativa "Lancelot e Guinevere".

> E quando o rei tinha ao seu lado seu **cavaleiro** predileto, Lancelot, que jamais fora derrotado nem na guerra nem em torneios, não havia exército que não pensasse em se render ou cidade que não abrisse seus **portões** e deixasse entrar os cavaleiros de Artur.

Que palavra deu origem a cada termo destacado no trecho acima? Escreva essas palavras.

cavaleiro: _____   portões: _____

2. Leia as fichas com palavras.

jornalista	jornal	sapateiro
sapato	dente	dentista

a) Sublinhe as palavras que nomeiam profissões.

b) Ligue os nomes das profissões às palavras que deram origem a eles.

3. Forme novas palavras a partir das palavras abaixo.

cheiro: _____   chuva: _____

mentira: _____   doce: _____

tomate: _____

pedra: _____

banco: _____

> **DICA!**
> Forme palavras usando **-eira**, **-eiro**, **-oso**, **-osa**, **-ada**.

4. Escolha uma das palavras que você formou e crie uma frase com ela.

_____

_____

38 trinta e oito

MÓDULO 4

5. No diagrama a seguir, encontre e circule as **sete palavras** que estão escondidas. Cada palavra escondida é derivada de uma das palavras de origem listadas no quadro abaixo. Veja a pista para uma das palavras na ilustração.

coragem	pastel	bom	barco	papel	mal	parar

X	D	I	E	G	B	R	O	L	S	E	P	V	W	A	E
A	R	T	Y	L	M	O	B	K	T	W	A	S	I	F	G
C	O	R	A	J	O	S	A	T	R	S	P	B	C	D	E
R	J	K	Y	O	T	N	R	A	J	E	E	O	A	F	Y
Q	K	B	Z	P	S	P	Q	B	K	F	L	D	Y	G	M
S	L	O	W	Q	A	I	U	X	Z	P	A	R	A	D	A
T	M	N	A	D	J	E	E	C	L	L	D	T	R	A	L
U	N	D	A	R	K	F	I	D	E	G	A	U	N	J	D
V	O	O	B	S	L	G	R	P	Ç	H	C	V	M	S	O
X	A	S	C	T	M	H	A	Q	Z	I	D	Y	R	M	S
F	P	O	D	U	N	P	A	S	T	E	L	E	I	R	O

BARCO~BARQUEIRA

Vanessa Alexandre/ID/BR

DICA!
As palavras aparecem na horizontal e na vertical.

6. Copie, na primeira coluna do quadro abaixo, as palavras que você circulou no diagrama. Em seguida, complete as demais colunas com as palavras que deram origem a elas e também com os sufixos que foram utilizados. Siga o exemplo.

Palavra	Palavra de origem	Sufixo
barqueira	barco	-eira

trinta e nove 39

7. Junte a palavra de origem aos sufixos correspondentes e forme novas palavras.

cabeça
joelho
-eira
_____
_____

sereno
capaz
-idade
_____
_____

triste
bela
-eza
_____
_____

8. Encontre as palavras que dão origem aos seguintes substantivos:

a) sapateiro – _____

b) camponesa – _____

c) relojoaria – _____

d) pobreza – _____

e) leiteiro – _____

f) vaqueiro – _____

g) saleiro – _____

h) cachorrada – _____

i) casebre – _____

9. Leia os pares de palavras a seguir.

caixa – caixeiro

violino – violinista

festa – festivo

rosa – rosada

cavalo – cavaleiro

a) Circule os elementos que foram acrescentados a cada palavra de origem.

b) Os elementos acrescentados deram novo sentido à palavra?

☐ Sim.   ☐ Não.

ESCRITA

Narrativa de aventura

A narrativa de aventura apresenta uma personagem ou um grupo de personagens em ações grandiosas. Elas se envolvem em peripécias, a fim de conquistar um objetivo. Geralmente, as narrativas de aventura, depois de muitos desafios, têm um final surpreendente e feliz.

Chegou a hora de você criar sua narrativa. Siga os passos abaixo e boa aventura!

Planejamento

1. **Definição do narrador:** quem vai narrar a história? Uma personagem ou alguém que conhece bem os fatos e resolveu contá-los?

2. **Criação das personagens:** descreva cada personagem de forma detalhada. Como elas serão? Terão habilidades especiais ou serão pessoas comuns? Serão todas humanas ou haverá algum animal?

3. **Descrição do espaço:** detalhe o lugar (ou os lugares) onde sua história se passará. Será, por exemplo, uma metrópole ou uma cidadezinha? Uma montanha deserta ou o espaço sideral?

4. **Definição do problema:** delimite as aventuras e o conflito para as personagens. Elas enfrentarão um perigo? Ficarão perdidas? Viajarão para um lugar desconhecido?

5. **Resolução do problema:** crie um objetivo final para as personagens. Elas salvarão um amigo indefeso? Tentarão sair de algum lugar? Conseguirão resolver o problema? O final será feliz?

Escrita

1. Levando em conta tudo o que você planejou, escreva sua narrativa. Apresente, no início do texto, as personagens e o lugar onde se passa a história.

2. Revise o texto que produziu, corrigindo o que for necessário.

3. Em uma folha avulsa, passe seu texto a limpo. Não se esqueça de dar um título a ele e de informar seu nome ao final.

Leia o texto para colegas e familiares e, depois, pergunte o que eles acharam de sua narrativa de aventura.

MÓDULO 5

LEITURA

Regra de jogo

Você já jogou batalha-naval? Conhece as regras desse jogo?

O texto a seguir é uma adaptação do jogo batalha-naval. Para jogar, você precisará de material simples, concentração e estratégia.

Batalha-naval

Número de participantes: 2 ou 4 jogadores

Material

- Duas ou quatro tabelas, dependendo do número de jogadores. Cada tabela deve ter 12 quadrados na horizontal e 12 quadrados na vertical, todos com 1 cm de lado. As tabelas ou grelhas, como são chamadas, devem apresentar identificação horizontal com letras e vertical com números. Cada jogador ficará com uma tabela.
- Lápis grafite
- Lápis de cor vermelho, verde, amarelo e preto

Preparação

1. Cada jogador posiciona dois navios de cada tipo na tabela. Para isso, utilizará lápis de cor. Os navios que deverão ser representados são:

- porta-aviões: 5 quadrados (cor vermelha)
- navio-tanque: 4 quadrados (cor verde)
- submarinos: 2 quadrados (cor amarela)
- encouraçados: 1 quadrado (cor preta)

2. Os navios poderão ser posicionados em qualquer lugar, horizontal ou verticalmente. Os quadrados que compõem um navio devem ser alinhados na sequência.

3. Os jogadores não podem revelar em que locais posicionaram seus navios.

42 quarenta e dois

MÓDULO 5

Regras do jogo

1. Os participantes decidem quem começa.

2. O primeiro jogador escolhe um quadrado da tabela de um dos jogadores, dizendo a letra e o número que o identifica. O objetivo é descobrir onde estão os navios do oponente.

3. Se houver navio no quadrado, o jogador risca, com lápis grafite, a parte do navio que está naquele espaço e informa a seu adversário que parte de seu navio foi atingida.

4. O jogador que tentou atingir o navio adversário, para não se esquecer da coordenada indicada, também deverá marcar em sua tabela o quadrado correspondente com uma bolinha.

5. Cada jogador indica seguidamente duas coordenadas.

6. Após as duas indicações e as respostas do adversário, é a vez do outro jogador.

7. O jogo termina quando um dos participantes conseguir descobrir e, assim, atingir todos os navios de seu adversário.

Elaborado para fins didáticos.

Estudo do texto

1. Quem é o leitor de um texto instrucional como esse? Em que situação se lê esse tipo de texto?

_____

_____

_____

2. Qual é o objetivo do jogo batalha-naval?

_____

_____

_____

3. Para evitar a repetição da palavra **jogador**, que outras palavras foram utilizadas com o mesmo significado no texto lido?

_____

_____

quarenta e três **43**

4. A seguir, complete algumas regras do jogo usando verbos. Escreva verbos diferentes daqueles apresentados no texto, mas que indiquem a mesma ação. Preste atenção na conjugação verbal que deve ser usada.

a) Os participantes _____ quem _____ o jogo.

b) O primeiro jogador _____ um quadrado da tabela de um

dos jogadores, _____ a letra e o número que o identifica.

c) O jogador que tentou _____ o navio adversário, para não

se esquecer da coordenada _____, também

deverá _____ em sua tabela o quadrado com uma bolinha.

d) O jogo _____ quando um dos participantes conseguir

_____ todos os navios de seu adversário.

5. Relacione as colunas. Se necessário, consulte um dicionário.

1	Porta-aviões			Navio de guerra blindado e com grande artilharia.
2	Navio-tanque			Navio de guerra para o transporte de aviões.
3	Submarino			Navio projetado para o transporte de líquidos.
4	Encouraçado			Navio preparado para navegar debaixo da água.

6. Marque um **X** no significado da palavra **naval**.

☐ Relativo a jogo.   ☐ Relativo a treinamento.

☐ Relativo a navegação.

7. Que relação pode ser estabelecida entre o título "Batalha-naval" e o jogo?

_____

_____

_____

_____

_____

Vanessa Alexandre/ID/BR

44 quarenta e quatro

ESTUDO DA LÍNGUA

As letras g e j

1. Você conhece as palavras abaixo? Complete-as com **g** ou **j**.

a) man_____ericão

b) _____ente

c) _____elatina

d) ho_____e

e) _____eito

f) _____irafa

2. As palavras a seguir estão escritas de forma incorreta. Reescreva-as fazendo as correções necessárias.

a) gitarra _____

b) jelo _____

c) sange _____

d) guanso _____

e) agaceiro _____

f) guorila _____

3. Complete as palavras com **ge**, **gi**, **je** ou **ji**.

a) a_____lidade

b) a_____tado

c) _____ladeira

d) _____ito

e) _____boia

f) _____leia

4. Leia estas palavras em voz alta.

| geral | galinha | gostoso | girino | Gustavo |

a) Circule a letra **g** em cada palavra.

b) Copie as palavras em que a letra **g** representa o mesmo som que na palavra **mergulho**.

_____

5. Pinte as palavras abaixo em que a letra **g** representa o mesmo som que a letra **j** em **juíza**.

| gemada | fingido | colégio | agora |

| gato | gaveteiro | pingente | legume |

quarenta e cinco 45

6. Assinale a alternativa que apresenta uma palavra intrusa.

- [ ] cereja, caju, relójio, jaca
- [ ] geada, gelo, geleira, geladeira
- [ ] girafa, gilete, gibi, girino

7. Leia e responda às adivinhas. Depois, complete a cruzadinha.

a) Instrumento usado para marcar a passagem do tempo.

b) Eletrodoméstico usado para conservar alimentos em temperatura baixa.

c) Pessoa que viaja.

d) Raiz comestível normalmente usada em pratos da culinária japonesa.

e) Dia depois de ontem.

f) Palavra derivada de **gema** que dá nome a um doce feito de ovos.

g) Massa de cor amarela, envolvida por clara, que constitui o interior de um ovo.

Ilustrações: Ilustra Cartoon/ID/BR

8. Organize as sílabas e forme palavras com **gi** e **ji**.

pe-ji _____

ló-ji _____

ló-co-zoo-gi _____

ra-fa-gi _____

gan-gi-te _____

ji-ca-can _____

ESTUDO DA LÍNGUA

Uso de pronomes

1. Leia o trecho a seguir.

O que as plantas carnívoras fazem?

Elas capturam insetos. A maior parte vive em locais onde faltam nutrientes no solo, por isso complementam a alimentação com insetos. Com **suas** cores e **seu** cheiro fortes, **elas** atraem as presas para armadilhas que variam em cada espécie. Algumas agarram os insetos com folhas em forma de concha. Outras prendem a presa com substâncias adesivas. As maiores são as *Nepenthes*, que chegam a mais de 10 metros de comprimento.

Planta carnívora conhecida como "caça-moscas".

Revista *Recreio*. São Paulo: Abril, ano 8, n. 388, 2007. p. 5.

a) Por que as plantas carnívoras comem insetos?

_____

_____

b) A quem se referem os pronomes **elas**, **suas** e **seu** destacados no texto?

_____

c) Relacione cada um dos pronomes à sua classificação correta:

- Elas — pronome possessivo
- Suas
- Seu — pronome pessoal

2. Cite três exemplos de:

a) pronome pessoal: _____

b) pronome possessivo: _____

_____

c) pronome demonstrativo: _____

_____

quarenta e sete **47**

3. Reescreva os trechos a seguir substituindo as palavras e expressões repetidas por pronomes.

   a) Um dia, roubaram o grande tesouro do sultão e o sultão anunciou que quem descobrisse o ladrão do tesouro do sultão ganharia muitas pedras preciosas.

   _____
   _____
   _____

   b) O viajante do espaço e a família do viajante do espaço lutaram contra os alienígenas. O viajante do espaço e a família do viajante do espaço usaram todas as habilidades que tinham para vencer a batalha.

   _____
   _____
   _____

4. Leia a tira a seguir.

Bill Watterson. *Calvin e Haroldo*: e foi assim que tudo começou. São Paulo: Conrad, 2007. p. 76.

   a) Circule os pronomes dos dois primeiros quadrinhos.

   b) Os pronomes que você circulou são:
      ☐ pronomes pessoais.
      ☐ pronomes possessivos.
      ☐ pronomes demonstrativos.

   c) Releia a fala de Haroldo no último quadrinho. A quem se refere o pronome **seus**?

   _____

48 quarenta e oito

MÓDULO 5

5. Complete as frases com o pronome correto entre parênteses.

a) _____ notas estão ótimas! (suas/minha)

b) _____ irmão é _____ melhor amigo. (nossos/meu); (minha/meu)

c) _____ vidas estão entrelaçadas. (seus/nossas)

d) _____ roupas estão lavadas. (meus/minhas)

6. Passe as frases para o plural e sublinhe os pronomes.

a) Aquele garoto mora na fazenda.

_____

b) Eu gosto de sorvete de chocolate.

_____

c) Esta caneta é sua?

_____

7. Complete as frases.

Os pronomes possessivos indicam posse de algo.

_____ são exemplos de pronomes possessivos.

Os pronomes pessoais substituem os substantivos, indicando as pessoas do discurso.

_____ são exemplos de pronomes pessoais.

8. Substitua os substantivos em destaque por pronomes pessoais.

a) **Maria** foi ao mercado comprar café.

_____

b) **João e eu** viajaremos juntos para Porto de Galinhas.

_____

c) **Érica** e **Wilson** compraram ingressos para o teatro.

_____

quarenta e nove   49

ESCRITA

Regra de jogo

Os textos instrucionais são muito úteis, pois ensinam o leitor a realizar determinado procedimento. Você leu um texto que explica como se joga batalha-naval e agora produzirá um texto para ensinar outro jogo.

Planejamento

1. Escolha um jogo de tabuleiro do qual você goste muito.
2. Pegue uma folha para escrever o rascunho de seu texto. Anote, na primeira parte da folha, a relação do material necessário para jogar.
3. Depois de listar o material, você vai redigir as orientações que farão parte do "Como jogar".
4. Antes de registrar por escrito as orientações, corte alguns quadrados de folha de papel sulfite de 4 cm de lado e, utilizando lápis grafite e lápis de cor, desenhe as etapas do jogo, numerando-as adequadamente. Os desenhos auxiliarão na compreensão das instruções e permitirão que nenhuma regra seja esquecida.

Escrita

1. Traduza em palavras os desenhos criados. Escreva todas as informações importantes e lembre-se de fazer uso dos verbos adequados.
2. Compare os desenhos com as orientações escritas e observe se alguma informação importante foi esquecida.
3. Releia todo o texto e faça as correções necessárias. Peça a um colega ou familiar que leia as instruções e verifique se elas são de fácil compreensão. Se possível, tentem jogar seguindo as orientações escritas por você. Assim, você conseguirá perceber se as instruções estão claras e se não ficou faltando nenhuma informação.
4. Passe a limpo o texto instrucional em outra folha e cole ao lado de cada orientação a imagem que a ilustra.
5. Escreva como título do texto o nome do jogo.

Apresente ao professor sua produção. Caso seja possível, leve o jogo para a escola para brincar com os colegas e divirta-se.

MÓDULO 6

LEITURA

Artigo de opinião

Os artigos de opinião são textos publicados, geralmente, em jornais e revistas, impressos ou digitais. Eles trazem claramente a defesa de um ponto de vista.

Uma das principais características desses textos é, portanto, a argumentação.

Leia o título e o subtítulo do texto a seguir. Sobre qual assunto você imagina que o artigo vai tratar?

Depois, leia o artigo de opinião e veja se concorda com a posição da articulista.

Opinião: Uso exagerado da tecnologia torna a mente preguiçosa

Aparelhos facilitam o dia a dia, mas têm lado negativo. Corpo e mente também precisam evoluir.

Ana Cássia Maturano | Especial para o *G1*, em São Paulo

Acompanhando as notícias da Copa da África do Sul pelo rádio, ouço o correspondente comentar com o apresentador do programa que, por usar o GPS (Sistema de Posicionamento Global) para encontrar os caminhos em **Joanesburgo**, estava ficando preguiçoso. Isso porque, ao ser questionado sobre o local em que estava na cidade, não soube responder.

Provavelmente, sem esse aparelho, que orienta a direção a ser tomada, o repórter teria que usar mapas (lendo-os e transformando-os em caminhos), pedir informações a outras pessoas (que geralmente indicam pontos estratégicos) e contar com sua observação e memória. Isso, tendo a noção de sua localização. Quanta atividade mental!

Joanesburgo: cidade da África do Sul.

O GPS indica o caminho para se chegar a determinado lugar, facilitando a vida de muitos, principalmente de viajantes e profissionais cuja atividade envolve a locomoção por vários locais, como os motoristas de táxi.

Apesar da importância desse e de outros aparelhos, que facilitam a resolução de pequenos problemas do dia a dia, eles também trazem aspectos negativos para as pessoas, como mostra o caso do repórter que sentiu que estava preguiçoso.

cinquenta e um 51

É também o caso do **sedentarismo**. Já ouvimos muito do quanto o homem se exercitava mais sem a utilização do controle remoto, por exemplo. Ou quando, antes da maioria ter carro, andava-se muito mais.

Estamos sempre procurando facilitar a nossa vida, mas ganha-se de um lado e perde-se do outro. Se as coisas se tornam mais fáceis e rápidas, isso nem sempre traz vantagens. Do mesmo modo que temos prejuízos físicos, também temos mentais: a mente, assim como o corpo, também precisa ser exercitada.

Uma das sugestões para se prevenir o Mal de Alzheimer, tipo de **demência neurodegenerativa**, é estimular o cérebro através de atividades como palavras cruzadas, jogos de cartas, leituras e outros. Não precisamos ir tão longe. O uso da tecnologia para facilitar o trabalho da mente a torna preguiçosa, pouco hábil e sem **destreza**.

> **Sedentarismo:** qualidade daquele que é sedentário, ou seja, daquele que se exercita pouco ou não pratica atividade física regularmente.
>
> **Demência neurodegenerativa:** doença que afeta o cérebro humano e gera um comportamento que aparenta loucura ou falta de lucidez.
>
> **Destreza:** agilidade, rapidez.

Adolescentes

Às vezes, encontramos adolescentes que raramente usam o dicionário, nem sempre sabendo como fazê-lo. Quando necessitam saber o significado de uma palavra, tiram a informação da internet, que a traz pronta. Não é difícil imaginar que o uso do dicionário impresso exige da pessoa muito mais em termos mentais que o *on-line*. Além de necessitar usar de ordenação, tendo que puxar pela memória a sequência alfabética, depara-se com outras palavras que ainda não conhecia.

Ou então, para fazer uma pesquisa escolar, recorre ao Google: lança-lhe uma pergunta cuja resposta vem de inúmeros *sites*, bastando imprimir a melhor. A biblioteca deixou de ser um lugar para se buscarem informações. Antes da internet, os alunos a frequentavam, exigindo deles uma busca ativa em enciclopédias, dicionários e outras publicações. Além de usarem de análise e síntese para escrever o resultado de suas buscas.

E a dificuldade com cálculos simples de matemática? Para que saber a tabuada se a calculadora dá isso pronto? Pensando assim, não tem muito sentido. Mas, ao nos darmos conta de que desenvolver o raciocínio matemático propicia o pensamento lógico, a coisa muda de figura.

Longe de achar que a tecnologia é algo ruim. Pelo contrário. Com ela pode-se ter informações sem as quais seria muito difícil avançar no conhecimento do mundo e facilitar o dia a dia (por que não?).

Mas sem exageros. Temos que lembrar que não só a tecnologia tem que ser cuidada e evoluir. Nós também. E isso só conseguiremos se estivermos funcionando a pleno vapor – mente e corpo.

Ana Cássia Maturano. *G1*. Disponível em: https://g1.globo.com/educacao/noticia/2010/06/opiniao-uso-exagerado-da-tecnologia-torna-mente-preguicosa.html. Acesso em: 13 abr. 2022.

Estudo do texto

1. Releia o título e o subtítulo do artigo de opinião de Ana Cássia Maturano.

   a) No subtítulo, a articulista apresenta um fato sobre os aparelhos tecnológicos e já anuncia sua posição em relação a ele. Transcreva, apenas da primeira frase do subtítulo, as seguintes informações:

   - fato: _____
   - opinião: _____

   b) Considerando somente o título e o subtítulo, é possível deduzir que a articulista defenderá a ideia de que:

   ☐ o uso da tecnologia é sempre perigoso.

   ☐ o exagero da utilização da tecnologia pode implicar problemas à saúde.

   ☐ aparelhos eletrônicos não fazem bem ao corpo nem à mente.

2. No texto lido, quem escreve parece falar diretamente com o leitor. Observando a forma como se cria esse "diálogo", responda.

   a) O artigo foi escrito:

   ☐ na **primeira pessoa** do singular e do plural (eu; nós).

   ☐ na **segunda pessoa** do singular e do plural (tu; vós).

   ☐ na **terceira pessoa** do singular e do plural (ele; eles).

   b) É possível dizer que a articulista escolheu escrever o texto nessa pessoa e sugerir uma interlocução com o leitor para:

   ☐ se distanciar dos argumentos e convencê-lo pela objetividade dos fatos apresentados.

   ☐ se aproximar dele e, assim, convencê-lo mais facilmente a aceitar o ponto de vista defendido.

3. O primeiro argumento do texto relaciona-se ao uso do GPS. Como esse sistema pode contribuir para tornar preguiçosa a mente de um viajante?

_____
_____
_____
_____

4. O artigo apresenta o controle remoto e outras conquistas do desenvolvimento tecnológico como algo que é ao mesmo tempo positivo e negativo.

a) De acordo com o texto, o que se ganha com o uso do controle remoto e do carro?

☐ Saúde física e mental.

☐ Mais facilidade e agilidade no dia a dia.

b) E o que se perde principalmente com a utilização exagerada desses recursos?

☐ A atividade física para a realização de tarefas simples do dia a dia.

☐ A rapidez para resolver problemas cotidianos.

Vanessa Alexandre/ID/BR

5. Um dos argumentos mais convincentes para evitar o uso excessivo da tecnologia está na prevenção do mal de Alzheimer.

a) Segundo o artigo, como é possível prevenir o mal de Alzheimer?

_____

_____

_____

b) Pelo que você entendeu do texto, o uso exagerado da tecnologia contribui para o desenvolvimento do Alzheimer ou previne esse mal?

_____

_____

• Sublinhe, no artigo de opinião lido, o trecho que comprova sua resposta.

6. A que conclusão se chega após a leitura desse artigo? De acordo com o texto, o uso da tecnologia é algo ruim ou bom? Explique.

_____

_____

_____

_____

_____

ESTUDO DA LÍNGUA

Verbo: pessoa e número

1. Releia os trechos retirados do artigo de opinião. Preste atenção nas palavras destacadas.

> Acompanhando as notícias da Copa da África do Sul pelo rádio, **ouço** o correspondente comentar com o apresentador do programa que, por usar o GPS (Sistema de Posicionamento Global) para encontrar os caminhos em Joanesburgo, estava ficando preguiçoso.

> **Estamos** sempre procurando facilitar a nossa vida, mas ganha-se de um lado e perde-se do outro. Se as coisas se tornam mais fáceis e rápidas, isso nem sempre traz vantagens.

a) As palavras destacadas nos trechos são:

☐ substantivos. ☐ adjetivos. ☐ verbos.

b) A palavra **ouço**, no primeiro trecho, refere-se à:

☐ 1ª pessoa do singular – eu.

☐ 2ª pessoa do singular – tu.

☐ 3ª pessoa do singular – ele/ela.

c) A palavra **estamos**, no segundo trecho, refere-se à:

☐ 1ª pessoa do plural – nós.

☐ 2ª pessoa do plural – vós.

☐ 3ª pessoa do plural – eles/elas.

2. Releia mais este trecho do artigo de opinião de Ana Cássia Maturano.

> **Temos** que lembrar que não só a tecnologia tem que ser cuidada e evoluir. **Nós** também. E isso só **conseguiremos** se **estivermos** funcionando a pleno vapor – mente e corpo.

a) As palavras destacadas referem-se à primeira, à segunda ou à terceira pessoa? Do singular ou do plural?

b) Reescreva o trecho, passando-o para a primeira pessoa do singular. Faça todas as alterações necessárias.

_____

_____

_____

c) Explique por que as palavras destacadas se modificaram na frase reescrita.

_____

_____

_____

3. Leia a tira da Mafalda.

Quino. *Mafalda*. São Paulo: Martins Fontes, 2005. p. 96.

a) Sublinhe o primeiro verbo que aparece na tira.

b) O verbo que aparece no primeiro quadrinho refere-se à:

☐ 1ª pessoa do singular – eu. ☐ 2ª pessoa do plural – vós.

☐ 1ª pessoa do plural – nós. ☐ 3ª pessoa do singular – ele/ela.

☐ 2ª pessoa do singular – tu. ☐ 3ª pessoa do plural – eles/elas.

c) Releia o terceiro quadrinho.

• Que pronome aparece? _____

• Quais verbos se referem ao pronome que você identificou?

_____

d) Reescreva a fala do terceiro quadrinho utilizando o pronome **eles**.

_____

_____

MÓDULO 6

4. Conjugue os verbos entre parênteses no presente e complete as frases.

a) Eu _____ verduras. (vender)

b) Nós _____ muito para a prova. (estudar)

c) Eles _____ de bolo de milho. (gostar)

d) Ela _____ linda! (ser)

5. O que você observou para conjugar os verbos de cada frase?

_____

_____

6. Substitua o substantivo em destaque por um pronome pessoal.

> **As crianças** brincavam no parque.

_____

a) Na frase acima o verbo está no:

☐ passado.   ☐ presente.   ☐ futuro.

b) A frase está no:

☐ singular.   ☐ plural.

c) Agora, escreva a frase apresentada no singular e passe o verbo para o presente.

_____

d) Na frase que você escreveu no item **c**, o verbo se refere à:

☐ 3ª pessoa do singular.   ☐ 3ª pessoa do plural.

7. Leia a frase e responda às questões.

> No outono, **as plantas** produzem frutos e sementes.

a) Circule o verbo da frase acima.

b) O verbo está no:

☐ presente.   ☐ passado.   ☐ futuro.

c) O verbo se refere à:

☐ 3ª pessoa do singular.   ☐ 3ª pessoa do plural.

cinquenta e sete

ESTUDO DA LÍNGUA

Pontuação: vírgula, ponto e vírgula e dois-pontos

1. Releia estes trechos do artigo de opinião visto na seção *Leitura*. Preste atenção no uso da vírgula.

> Aparelhos facilitam o dia a dia, mas têm lado negativo.

> Estamos sempre procurando facilitar a nossa vida, mas ganha-se de um lado e perde-se do outro.

a) Que palavra aparece logo após a vírgula nos dois trechos acima?

_____

b) Podemos classificar a palavra que você identificou como uma conjunção de:

☐ causa.

☐ finalidade.

☐ oposição.

c) Considerando as observações que você fez até aqui, justifique o emprego da vírgula nesses trechos.

_____

_____

2. Releia mais um trecho do artigo de opinião. Na sequência, circule as vírgulas presentes no trecho.

> Uma das sugestões para se prevenir o Mal de Alzheimer, tipo de demência neurodegenerativa, é estimular o cérebro através de atividades como palavras cruzadas, jogos de cartas, leituras e outros.

Vanessa Alexandre/ID/BR

a) As duas primeiras vírgulas que você circulou funcionam para:

☐ enumerar os elementos em uma frase.

☐ isolar uma explicação sobre o que é mal de Alzheimer.

☐ introduzir um trecho com conjunção que indica oposição.

MÓDULO 6

b) As demais vírgulas que você circulou foram usadas para enumerar exemplos de atividades que ajudam a estimular o cérebro. Que atividades são essas? Sublinhe-as no texto.

c) Que outra pontuação poderia ser utilizada no lugar da vírgula para enumerar as atividades que você sublinhou no item anterior?

☐ Ponto-final.   ☐ Ponto e vírgula.   ☐ Ponto de interrogação.

3. Releia agora este trecho.

> Se as coisas se tornam mais fáceis e rápidas, isso nem sempre traz vantagens. Do mesmo modo que temos prejuízos físicos, também temos mentais: a mente, assim como o corpo, também precisa ser exercitada.

a) Sublinhe todos os sinais de pontuação que aparecem no trecho.

b) Nesse trecho, além da vírgula e do ponto-final, que outro sinal de pontuação é usado?

_____

c) Podemos dizer que o sinal que você identificou no item **b** foi utilizado para anunciar:

☐ uma enumeração que vai ser apresentada logo a seguir.

☐ a entrada de uma explicação sobre algo que foi dito.

☐ a opinião de um entrevistado, cuja fala será citada sequencialmente.

4. O texto a seguir foi escrito com base em informações retiradas do artigo de opinião "Uso exagerado da tecnologia torna a mente preguiçosa". Pontue-o adequadamente, usando vírgula, ponto e vírgula e dois-pontos.

Veja algumas sugestões para estimular seu cérebro e prevenir o Mal de Alzheimer ☐
∘ faça palavras cruzadas ☐
∘ leia diferentes textos ☐
∘ reúna-se com os amigos para jogar cartas.
Além de exercitar a mente ☐ é importante movimentar o corpo.
Então ☐ faça atividade física regularmente! Lembre-se do que a psicóloga e psicopedagoga Ana Cássia Maturano disse em seu artigo de opinião ☐ "corpo e mente também precisam evoluir".

Vanessa Alexandre/ID/BR

cinquenta e nove **59**

a) O que você faz para exercitar a mente?

_____

_____

b) Você pratica atividades físicas? O que você faz para exercitar o corpo?

_____

_____

5. Leia o texto a seguir observando os sinais de pontuação.

Tem escola na aldeia?

Sim, muitas aldeias têm escola! Como se sabe, a maioria das aldeias fica dentro de Terras Indígenas, assim cada Terra pode ter uma ou mais escolas. Isso vai depender de seu tamanho e da situação de cada comunidade.

As escolas indígenas, assim como aquelas dos não índios, também são um espaço de aprendizado das crianças. [...]

Instituto Socioambiental. *Jeitos de aprender*. Povos Indígenas no Brasil Mirim. Disponível em: https://mirim.org/pt-br/como-vivem/aprender. Acesso em: 13 abr. 2022.

Justifique o emprego das vírgulas destacadas nas frases a seguir, escrevendo nos quadrinhos o número correspondente.

I "[...] a maioria das aldeias fica dentro de Terras Indígenas, assim cada Terra pode ter uma ou mais escolas."

II "As escolas indígenas, assim como aquelas dos não índios, também são um espaço de aprendizado [...]."

☐ Isolar uma informação que traz uma comparação.

☐ Antes de conjunção que indica uma conclusão.

6. Na frase "Todos gostam da escola: alunos, pais de alunos e professores", os dois-pontos foram utilizados para indicar:

☐ que alguém fala. ☐ uma explicação.

☐ uma enumeração. ☐ uma pausa.

7. Complete com vírgula ou ponto e vírgula.

Gosto de esportes _____ meu amigo Pepe _____ de assistir à TV _____ já minha prima prefere ir ao cinema. E você?

ESCRITA

Artigo de opinião

Chegou sua vez de escrever um artigo de opinião sobre os benefícios e malefícios da exposição do corpo ao sol.

Planejamento

1 Analise os pontos positivos e negativos da exposição do corpo ao sol. Preencha o quadro abaixo, distribuindo nele as frases das fichas a seguir.

Tomar sol pode ser bom, pois...	Tomar sol pode ser ruim, pois...
_____ _____	_____ _____
_____ _____	_____ _____

Ajuda o corpo a absorver alguns nutrientes.	Permite curtir o dia ao ar livre.
Em excesso, causa câncer de pele.	Sem proteção solar, causa queimaduras de pele e/ou alergia.

2 Agora que você selecionou alguns pontos para a criação de seu texto, pesquise fatos que possam ajudá-lo a desenvolver seus argumentos. Procure e registre no caderno informações sobre câncer de pele, consumo de água, uso de filtro solar, etc.

Escrita

Ao produzir seu texto, lembre-se dos seguintes itens:

1 O título deve ser bem chamativo, a fim de aguçar a curiosidade do leitor.

2 Não entre em contradição: assuma um ponto de vista e apresente os argumentos de forma coerente.

3 Use, preferencialmente, a primeira pessoa do singular ou plural (**eu** ou **nós**) e crie uma interlocução direta com seu leitor.

4 Faça uma conclusão bem adequada, retomando a discussão inicial.

Agora, publique seu artigo de opinião no jornal da escola e mostre a seus familiares e amigos.

sessenta e um · 61

MÓDULO 7

LEITURA

Resenha

Você já ficou com vontade de ler um livro, assistir a um filme ou a uma peça de teatro depois de ler uma resenha? Leia as resenhas a seguir e veja se você tem interesse em conhecer os conteúdos apresentados.

Resenha 1

Ser astrônomo

Quem não perde um filme ou série sobre astronomia e adora conversar sobre as estrelas vai gostar dessa dica! A página www.futuroastronomo.com.br traz notícias sobre o Sistema Solar, fotografias de astros, notícias mais recentes sobre exploração espacial, além de curiosidades sobre o Universo. Visite!

Sonda espacial Curiosity em Marte. Foto de 2021.

Superdicas CHC. Revista *Ciência Hoje das Crianças*, 8 mar. 2021. Disponível em: http://chc.org.br/artigo/superdicas-chc-319/. Acesso em: 25 abr. 2022.

Resenha 2

Passando frio no verão

[...] Muitas famílias viajam para cidades de praia ou locais cheios de verde para passar os dias de descanso em meio à natureza. Mas a família Klink tem outro destino favorito: a Antártica.

Mesmo no verão – época do ano em que Laura, Tamara e Marininha, junto com seus pais, realizam essas viagens –, é um continente bem gelado. E chegar lá não é fácil, não [...].

Ainda bem que a alegria da chegada compensa a dificuldade do trajeto. Na Antártica, em vez de fazer castelos de areia, as meninas brincam na neve [...].

Para ter um gostinho de como é fazer uma viagem dessas, você pode conferir o livro que as três irmãs escreveram. [...]

Férias na Antártica
Texto: Laura, Tamara e Marininha Klink
Fotos: Marina Bandeira Klink
Ilustrações: Estúdio Zinne
Grão Editora

Capa do livro *Férias na Antártica*, das irmãs Klink.

Passando frio no verão. Revista *Ciência Hoje das Crianças*, 2 jun. 2015. Disponível em: http://chc.org.br/acervo/passando-frio-no-verao/. Acesso em: 25 abr. 2022.

Estudo do texto

1. Sobre a **resenha 1**, responda às questões a seguir.

a) O que o texto indica?

☐ Uma série.

☐ Um filme.

☐ Uma página na internet.

b) Copie da resenha o trecho que descreve o conteúdo indicado.

_____

_____

_____

2. Releia este trecho da resenha.

> Quem não perde um filme ou série sobre astronomia e adora conversar sobre as estrelas vai gostar dessa dica!

a) Nesse trecho, é possível notar que a opinião do autor da resenha é:

☐ favorável ao *site*.   ☐ desfavorável ao *site*.

b) Copie a expressão que evidencia a opinião do autor.

_____

3. Você já conhecia o *site* Futuro Astrônomo?

a) Se sim, concorda com a resenha? Por quê?

_____

_____

_____

_____

b) Se não, ficou com vontade de acessar o conteúdo do *site*? Por quê?

_____

_____

_____

4. A **resenha 2** trata de um livro. Releia-a e faça o que se pede.

a) Qual é o assunto do livro resenhado?

_____

b) Quais informações o autor da resenha apresenta sobre o livro?

_____

_____

c) Quais informações aparecem no final do texto?

☐ Opinião de quem escreveu a resenha.

☐ Nome do livro, das autoras, da fotógrafa, do estúdio que fez as ilustrações e da editora.

d) Complete o quadro com as informações solicitadas.

Título do livro indicado	
Nome das autoras do livro	

e) A resenha é ilustrada por uma imagem. Que imagem é essa?

_____

f) Copie da resenha a parte em que o autor indica a leitura do livro.

_____

_____

5. As resenhas **1** e **2** apresentam detalhes dos conteúdos indicados? Por quê?

_____

_____

6. Qual dessas duas resenhas deixou você mais intrigado, com vontade de conhecer o conteúdo apresentado? Por quê?

_____

_____

_____

ESTUDO DA LÍNGUA

Variedades linguísticas

1. Leia o texto a seguir.

> **Sai do meu pé, chulé!**
>
> Você tira o tênis e eca! O chulé vem com tudo!
>
> O cheiro surge de bactérias e fungos que se alimentam de suor cheio de pedaços de pele morta acumulados nos pés. Depois da refeição, os microrganismos eliminam substâncias fedidas. Mesmo assim, eles não são os únicos vilões! O chulé precisa da sua ajuda para existir.
>
> [...]

Revista *Recreio*. São Paulo: Abril, ano 12, n. 630, 2012. p. 28.

a) Sublinhe no texto o trecho que mostra do que se alimentam as bactérias e os fungos que provocam o chulé.

b) O que significa a expressão **eca**?

☐ "Que bonito!" ☐ "Que nojo!" ☐ "Que legal!"

2. Se você fosse apresentar, na escola, um trabalho sobre a origem do chulé, usaria a expressão **eca**? Por quê?

_____
_____

3. É possível concluir que a expressão **eca** é empregada em situações formais ou informais? Por quê?

_____
_____

4. Reescreva a frase "Você tira o tênis e eca!" usando o registro de linguagem formal.

_____

5. Escreva expressões que você usa ao falar com seus amigos ou familiares.

_____

sessenta e cinco **65**

6. Leia o trecho da reportagem a seguir. Depois, responda às questões.

Em cada estado brasileiro, as pessoas falam de um jeito, com sotaque próprio e, muitas vezes, chamam as mesmas coisas por nomes completamente diferentes. A pipa, por exemplo, também é chamada de papagaio e pandorga. O pão francês também tem muitos nomes – em São Paulo, é pãozinho; no Maranhão, é pão massa grossa; no Pará, careca; os sergipanos chamam de jacó; e os paraibanos, de pão aguado; no Ceará, é pão de sal; em Santa Catarina, pão de trigo [...].

[...]

A diferença nas palavras, nas expressões e no sotaque se chama variação regional. [...] Ela é representada em muitos elementos que recebem nomes diferentes dependendo da região. A nossa macaxeira, em algumas regiões é chamada de mandioca e em outras, de aipim. O nosso jerimum é conhecido como abóbora. [...]

Disponível em: https://g1.globo.com/pernambuco/vestibular-e-educacao/noticia/2013/10/variedade-linguistica-e-tema-de-redacao-no-projeto-educacao.html. Acesso em: 25 abr. 2022.

a) Qual é o assunto apresentado no texto?

___

b) De acordo com o texto, como é chamada a diferença nas palavras, nas expressões e no sotaque?

___

c) O texto mostra que:

☐ a forma de falar é única, não pode mudar.

☐ usar expressões regionais e sotaques é falar errado.

☐ há diferentes formas de falar uma mesma língua.

d) Ligue o nome que o pão francês recebe à sua respectiva região.

careca	Sergipe
pão de sal	São Paulo
jacó	Paraíba
pão aguado	Ceará
pãozinho	Pará

ESTUDO DA LÍNGUA

Pronomes no texto

1. Leia o texto a seguir.

> O filme *A fuga das galinhas* foi lançado no cinema e fez muito sucesso entre o público infantil. Ele apresenta a história de Ginger e suas amigas, que eram obrigadas a botar um ovo por dia e, se isso não acontecesse, elas poderiam virar jantar.

Elaborado para fins didáticos.

a) Qual é o assunto tratado no texto?
_____

b) Identifique os pronomes pessoais, possessivos e demonstrativos presentes no texto, copie-os abaixo e indique suas classificações.
_____
_____

c) Qual é o primeiro pronome usado no trecho? A que ele se refere?
_____
_____

d) A qual informação o pronome **isso** se refere?
_____
_____

e) Se a ação substituída pelo pronome **isso** não acontecesse, o que ocorreria com as galinhas?
_____
_____

f) Os pronomes pessoais e o pronome demonstrativo usados no trecho referem-se a termos anteriormente ou posteriormente apresentados?
_____

sessenta e sete 67

g) Reescreva o trecho substituindo os pronomes pelos termos correspondentes, fazendo as adaptações necessárias.

_____

_____

_____

_____

h) Ao reescrever o trecho, o que você observou?

_____

_____

2. Leia este outro texto.

Laura, Tamara e Marininha costumam viajar para a Antártica no verão. Em vez de fazer castelos de areia, **Laura**, **Tamara** e **Marininha** brincam na neve.

Férias na Antártica é o nome do livro que Laura, Tamara e Marininha escreveram. O livro traz relatos de algumas viagens à Antártica que Laura, Tamara e Marininha fizeram com os pais.

Elaborado para fins didáticos.

a) Reescreva o primeiro parágrafo substituindo os nomes em destaque por um pronome.

_____

_____

_____

b) É possível substituir os nomes destacados por outro pronome que não seja o utilizado anteriormente?

_____

c) Agora reescreva o segundo parágrafo do texto, usando pronomes ou outros termos para evitar repetição.

_____

_____

_____

3. Siga as pistas e descubra a palavra.

Possui 7 letras e 3 sílabas.	É usada em textos para substituir nomes, deixando-os menos repetitivos.	Começa com um encontro consonantal e termina com uma vogal quando escrita no singular.

A palavra é _____.

4. Assinale as alternativas corretas.

☐ Pronomes são palavras que podem variar em gênero, pessoa e número.

☐ Os pronomes substituem ou acompanham o substantivo num texto, evitando que se repitam.

☐ Pronomes são classes de palavras que dão nomes às coisas.

☐ **Este**, **esta**, **isto**, **isso**, **essa**, **esse** são pronomes demonstrativos.

☐ **Meu**, **minha**, **seu**, **sua**, **nosso** são pronomes possessivos.

5. Leia a manchete de uma notícia publicada na *Folhinha* no dia 21 de abril, Dia de Tiradentes.

> **Folhinha conta duas histórias inéditas sobre Tiradentes no seu feriado**
>
> Heloisa Murgel Starling escreve "Lutando Contra a Dor de Dente" e "A Quadrilha do Montanha".

Disponível em: https://www1.folha.uol.com.br/folhinha/2022/04/folhinha-conta-duas-historias-ineditas-sobre-tiradentes-no-seu-feriado.shtml. Acesso em: 25 abr. 2022.

a) A manchete anuncia que a notícia trata:

☐ da vida de Tiradentes.

☐ de duas histórias inéditas sobre Tiradentes.

b) Copie o título das duas histórias citadas na notícia.

_____

_____.

c) Identifique um pronome no texto e circule-o.

d) A expressão "no seu feriado" quer dizer:

☐ no feriado dedicado a Tiradentes.

☐ no feriado dedicado à Folhinha.

ORALIDADE

Resenha

Você estudou que resenha é um gênero textual em que são apresentadas informações e uma breve apreciação a respeito de livros, filmes, seriados, acontecimentos culturais, entre outros.

As resenhas são publicadas em diversos veículos, como jornais e revistas (impressos ou na internet), em *sites*, *vlogs* e *blogs*.

Agora chegou a sua vez de assumir o papel de *vlogger* e produzir uma resenha em forma de vídeo, que deverá ser apresentada ao professor.

Planejamento

1. Antes de gravar seu vídeo, você deve escrever a resenha.
   a) Escolha um livro de que goste muito.
   b) Pense no público para o qual fará a resenha.
2. Em uma folha avulsa, anote os dados do livro: título, autor, ilustrador, editora.
3. Releia o livro para recordar a história e escreva trechos interessantes que possam ser citados para seu espectador.
4. Escreva o texto de maneira a estimular o espectador a ler o livro apresentado.
5. Depois de pronta a resenha, faça uma leitura atenta dela e corrija o que for necessário. Observe se o texto apresenta a descrição do livro analisado e se destaca pontos positivos e negativos da obra.
6. Leia o texto várias vezes até memorizá-lo. Faça adaptações considerando que o texto será falado.

Gravação da resenha

1. Se possível, escolha um cenário que se relacione com o objeto cultural da resenha: uma biblioteca, uma sala de aula, etc.
2. Grave o vídeo mantendo uma postura e um tom de voz adequados.
3. No vídeo, exiba o livro, a capa e alguns trechos que possam estimular a curiosidade do espectador.

Mostre seu vídeo ao professor e, se possível, divulgue-o no *site* da escola.

Vanessa Alexandre/ID/BR

MÓDULO 8

LEITURA

Crônica

Você vai ler uma crônica. As crônicas são textos narrativos curtos que geralmente partem de uma situação do dia a dia para tratar de questões mais amplas.

Observando o título e as imagens que acompanham o texto, você consegue imaginar que assunto ele vai abordar? Faça a leitura e descubra!

Tudo por um cotonete

Toda vez em que mamãe vai tomar banho, e me esquece aqui fora, fico deitado bem juntinho à porta, esperando ela acabar. Fecho os olhos mas não durmo, só finjo. Assim, quando minha irmã passa, ela não esfrega a minha cabeça nem aperta as minhas bochechas, e olha que nem as tenho. Pra falar a verdade, nunca vi um cãozinho ter bochechas, mas a doida da minha irmã sempre diz que tenho, e que nada é melhor do que apertá-las. Isso tudo me confunde um pouco, mas tudo bem. Enquanto fico quietinho aqui, posso ouvir o barulhinho da água do chuveiro, de que eu tanto gosto. Isso não quer dizer que eu gosto de tomar banho. Aquele tanque e a água gelada em nada me atraem. Mas confesso, tenho vontade de experimentar um banho quentinho, de chuveiro.

Papai chegou, já ouvi o barulho que o carro dele faz quando entra na garagem. Mas vou continuar aqui, não saio daqui por nada, afinal, mamãe é mamãe. É ela quem cuida de mim. Me leva na rua todos os dias à tarde, põe a minha comida no pratinho onde colou uma foto minha, me leva pra cortar todos estes pelos que me enchem de calor. Tenho que confessar uma coisa daquele lugar. Eles cortam os pelos, dão banho, cortam as unhas e ainda me enchem de talco. Sempre antes que mamãe chegue para me buscar, botam uma gravatinha escrita "Binho". Aquilo é um tormento. Sem falar nos outros cachorros e gatos que ficam lá junto comigo. Outro dia apareceu uma mulher com uma tartaruga. Queria que dessem banho e passassem perfume na coitada. Eita gente doida. Quem entende os humanos?

setenta e um 71

Não disse que era o carro do papai? A chave já está rodando na porta da cozinha. Ai meu Deus! Tenho que ir "fazer festa" pra ele. Mas vou abandonar meu posto. E se mamãe sair do banho? Vou rapidinho. Vou num pé e volto no outro. Vai dar tempo. Faço uma recepção mais rápida hoje. É isso. Vou lá. Confessarei outra coisa – hoje estou propício às confissões –, mas que isso não saia daqui, em hipótese alguma. Todos nós, cachorrinhos de todos os tipos e tamanhos, mas principalmente os chamados "de estimação", introduzimos em nossas leis – um dia falo melhor sobre o livro das leis da gente – o mandamento "fazer festa para o dono". O que eu quero dizer é que este costume não é tanto pelo apreço que temos por eles. Resolvemos padronizar este "ritual" há muito tempo porque queríamos ser vistos como um amigo fiel. Conseguimos. Mas, mesmo assim, continuamos fazendo. Isso agrada aos humanos, não custa massagear um pouquinho o ego deles. Deixemos assim mesmo.

Nossa! Fui rapidinho mesmo. Apesar do corredor enorme, está tudo certo. Mamãe só desligou o chuveiro agora e eu já estou aqui. "Abre mamãe, abre!". Oba. Abriu. Nada melhor do que essa hora. Estou tão feliz. Já sei o que vai acontecer. Mamãe vai sair do banheiro, vai até o outro, que fica no quarto dela – ela sempre toma banho no banheiro das minhas irmãs – e pegará um daqueles. Hummm! Que delícia! Minha boca está salivando. Pronto. Ela saiu, pendurou a toalha, disse "Vem Tico" – este é um dos meus apelidos, tenho mais 37 pelo que contei até agora, mas disso falo depois –, agora estou em êxtase. Já abriu a caixinha. Pegou dois. Estou ansioso. Colocou no ouvido, lá dentro. De novo. Passou mais vez. Pegou o outro e limpou bem o ouvido cheio de cera. "Não mamãe, não jogue aí". Que droga! Jogou na lixeira em que eu nunca consigo pegar. Mas vou esperar ela sair e tentar assim mesmo, afinal, nada melhor que ele, o cotonete. Adoro. Como tudinho, até ficar só o cabo. Meus pais não entendem. Acho que acham nojento. Eu também nunca vi outro cãozinho comendo cotonete com tamanha satisfação. Mas pra mim não tem nada mais gostoso. Faço de tudo por um. Sujo de cera então, que delícia. Eu sei que ninguém gosta. Que bom! Sobra mais.

Ariane Bomgosto. Disponível em: https://www.recantodasletras.com.br/cronicas/363578. Acesso em: 26 maio 2022.

Estudo do texto

1. Quem é o narrador na crônica que você leu?

_____

2. Esse narrador conta a história em primeira ou em terceira pessoa? O que você observou para responder a essa pergunta?

_____

_____

_____

3. Quem são as personagens da crônica?

_____

4. Com base nas respostas anteriores, é possível concluir que o narrador dessa crônica é:

☐ um **narrador personagem**, pois conta uma história da qual também participa.

☐ um **narrador observador**, pois conta uma história da qual não participa, sendo apenas um observador dos fatos narrados.

5. Releia este trecho da crônica.

> Toda vez em que mamãe vai tomar banho, e me esquece aqui fora, fico deitado bem juntinho à porta, esperando **ela** acabar. Fecho os olhos mas não durmo, só finjo. Assim, quando minha irmã passa, **ela** não esfrega a minha cabeça nem aperta as minhas bochechas, e olha que nem **as** tenho.

Ilustra Cartoon/ID/BR

A quem se referem as palavras destacadas nesse trecho?

_____

_____

6. Assinale a alternativa que indica o gênero do texto que você leu.

☐ É uma crônica que apresenta linguagem simples, poucos personagens e aborda um tema ligado a um acontecimento do dia a dia.

☐ É uma crônica que propõe uma reflexão sobre um tema relevante e apresenta claramente a defesa de um ponto de vista.

ESTUDO DA LÍNGUA

Os diferentes sentidos das palavras e expressões

1. Releia outro trecho retirado da crônica.

Não disse que era o carro do papai? A chave já está rodando na porta da cozinha. Ai meu Deus! Tenho que ir "fazer festa" pra ele. Mas vou abandonar meu posto. E se mamãe sair do banho? Vou rapidinho. Vou num pé e volto no outro. Vai dar tempo. Faço uma recepção mais rápida hoje. É isso. Vou lá.

a) Em que sentido a personagem usou a expressão **vou num pé e volto no outro**?

☐ No **sentido literal**, ou seja, no sentido que corresponde exatamente ao significado mais imediato de cada palavra que é dita.

☐ No **sentido figurado**, ou seja, em um sentido diferente do imediato, que pode criar novos significados, dependendo da situação em que se fala.

b) Ligue as fichas azuis às fichas rosa correspondentes, associando os sentidos para a expressão destacada no item **a**.

| sentido literal | realizar a tarefa com rapidez, sem demora |
| sentido figurado | ir pulando com um pé e voltar pulando com o outro |

c) No trecho "Mas vou abandonar meu **posto**", a palavra destacada foi usada no sentido:

☐ literal.   ☐ figurado.

d) Explique por que a expressão **fazer festa** está escrita entre aspas nesse trecho da crônica.

_____

e) A personagem usou essa expressão para se referir:

☐ a uma festa que aconteceria na casa.
☐ aos pulos que daria para mostrar sua alegria ao papai.
☐ a um presente que ganharia.

MÓDULO 8

2. Releia este trecho da crônica.

> Outro dia apareceu uma mulher com uma tartaruga. Queria que dessem banho e passassem perfume na coitada. Eita gente doida.

a) A palavra **coitada** exprime:

☐ alegria, felicidade.   ☐ dó, pena.   ☐ zelo, cuidado.

b) Que outra palavra poderia ser utilizada no lugar de **coitada** sem alterar o sentido do texto?

_____

c) Na crônica, a palavra **eita** exprime:

☐ certo espanto diante do fato.

☐ alegria pelo acontecimento.

☐ satisfação diante do ocorrido.

3. Releia outro trecho da crônica.

> Resolvemos padronizar este "ritual" há muito tempo porque queríamos ser vistos como um amigo fiel. Conseguimos. Mas, mesmo assim, continuamos fazendo. Isso agrada aos humanos, não custa massagear um pouquinho o ego deles. Deixemos assim mesmo.

a) De que **ritual** a personagem fala?

_____

_____

b) Qual é o sentido da expressão **massagear o ego** utilizada nesse trecho?

_____

_____

_____

4. Ligue cada uma das expressões a seu significado.

Você é um saco sem fundo!	Estou desconfiado de algo. Há alguma coisa estranha!
Estou com a pulga atrás da orelha.	Você é um comilão! Não para de comer.

setenta e cinco **75**

5. Leia a tirinha abaixo e depois responda às questões.

Antônio Cedraz. *1000 tiras em quadrinhos*: Turma do Xaxado. São Paulo: Martin Claret, 2012.

a) Que expressão da tirinha provoca o efeito de humor?
___

b) Qual é o significado da palavra **pega** para a personagem que chutou a bola?
___

c) Que outro sentido a palavra pode ter, considerando a ação da personagem Zé?
___

6. Leia este trava-língua e responda às questões a seguir.

Cabritos, pirulitos e elefantes

Enquanto os cabritos
Com seus pirulitos
Se pirulitam
Elegantes
Os elefantes
Já não se pirulitam
Como antes.

Almir Correia. *Trava-língua, quebra-queixo, rema-rema, remelexo*. São Paulo: Cortez, 2010. p. 7.

a) Você certamente sabe o que é um pirulito. Como você explicaria o que ele é para alguém que nunca o viu?
___

b) A expressão **pirulitar-se** é uma gíria, e não aparece em muitos dicionários. Você sabe o que essa expressão significa?
___

76 setenta e seis

ESTUDO DA LÍNGUA
Efeito de sentido da pontuação: reticências, aspas e parênteses

1. Releia este trecho retirado da crônica da seção *Leitura*.

> Sempre antes que mamãe chegue para me buscar, botam uma gravatinha escrita "Binho".

a) Além do ponto-final e da vírgula, que sinal de pontuação aparece nesse trecho?

☐ As reticências.   ☐ As aspas.   ☐ Os parênteses.

b) Por que esse sinal foi usado?

☐ Para indicar uma pausa na leitura.
☐ Para destacar o nome do animal.
☐ Para finalizar a frase.

2. As reticências podem indicar diferentes sentidos. Leia o quadrinho a seguir e indique o sentido das reticências.

Tira do Chico Bento nº 7342, publicada no expediente da *Revista do Chico Bento* nº 3, maio 2021, Editora Panini.

Nas falas do pai de Magali, o uso das reticências sugere:

☐ interrupção da fala devido a uma surpresa.
☐ pausa entre uma frase e outra.

3. Qual é a função das aspas em cada frase a seguir? Escreva **C** ou **I** nos quadrinhos para relacionar as frases de acordo com as funções apresentadas abaixo.

[C] separar **citação** do restante do texto.
[I] construir **ironia**.

☐ Eles chegaram bem "cedo" para o almoço: já eram quatro horas da tarde!
☐ Minha avó sempre dizia: "A pressa é inimiga da perfeição".

4. Releia mais um trecho retirado da crônica "Tudo por um cotonete". Depois, veja o mesmo trecho reescrito.

Trecho retirado da crônica:

> Resolvemos padronizar este "ritual" há muito tempo porque queríamos ser vistos como um amigo fiel.

Trecho reescrito:

> Resolvemos padronizar este ritual há muito tempo porque queríamos ser vistos como um amigo fiel.

Em qual dos dois trechos há indicação de que uma palavra está sendo usada em sentido figurado? Que marca foi utilizada para fazer essa indicação?

_____

5. Leia o trecho de uma notícia sobre o relançamento de uma obra do escritor Fernando Sabino.

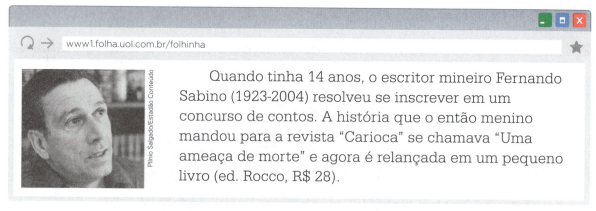

Alexandra Moraes. Em: *Folhinha*. Disponível em: https://www1.folha.uol.com.br/folhinha/dicas/di12110506.htm. Acesso em: 13 abr. 2022.

a) Sublinhe as informações que aparecem entre parênteses.
- Releia o texto, omitindo as partes sublinhadas. Você continua compreendendo o que é dito ou a omissão das informações prejudicou o sentido?

_____

_____

b) Qual é a função dos parênteses no trecho dessa notícia?

☐ Acrescentar informações complementares ao texto.

☐ Apresentar dados essenciais, sem os quais não é possível compreender o texto.

MÓDULO 8

6. Leia o trecho de uma programação de filmes de uma emissora de televisão.

> Na quinta (27), a TV Brasil exibe o drama "Alemanha, Mãe Pálida", indicado ao prêmio de Melhor Filme no Festival de Berlim. O longa está na programação do **Ciclo Segunda Guerra** às 23h. Para sexta (28), a emissora agendou uma produção internacional e outra brasileira. Primeiro, às 23h, no **Ciclo Segunda Guerra**, vai ao ar "O Cuko na Floresta Negra". Logo em seguida, à 0h45, no **Cine Nacional**, o filme será "Barão Olavo, o horrível".

Disponível em: https://www.ebc.com.br/sobre-a-ebc/noticias/2015/08/confira-a-programacao-de-filmes-que-serao-exibidos-na-tv-brasil-durante. Acesso em: 25 abr. 2022.

a) O uso das aspas no texto:

☐ separa uma citação.

☐ destaca uma expressão.

☐ indica títulos de filmes.

b) Explique a função dos parênteses nesse texto.

_____

_____

7. Leia as frases a seguir e marque a resposta correta.

a) | Este livro é "muito bom"! Li, reli e não entendi nada. |

• O uso de aspas na frase indica:

☐ ironia.

☐ separação de uma citação do restante do texto.

☐ sentido figurado.

b) | Seus pés (descalços) tocaram a areia, e ela estremeceu. |

• O uso dos parênteses na frase indica que a palavra:

☐ complementa o texto, mas é um acessório; sua falta não compromete o sentido da frase.

☐ foi destacada porque é importante para compreender o sentido da frase.

c) | — A prova? Bem... na prova... não fui muito bem. |

• O uso de reticências indica que o interlocutor:

☐ respondeu à pergunta com segurança.

☐ hesitou em responder.

setenta e nove **79**

ESCRITA

Crônica

Agora você vai escrever uma crônica sobre um assunto de seu interesse. Depois, vai digitar seu texto e imprimi-lo para entregá-lo ao professor. Ele reunirá todos os textos produzidos pela turma em um jornalzinho de crônicas da classe!

Planejamento

1. Escolha um acontecimento do dia a dia, algo sobre um tema importante. Você pode abordar uma situação rotineira que imaginou ou que realmente aconteceu. Se necessário, faça uma lista de pequenos acontecimentos e respectivos temas, para ajudar na escolha. Por exemplo:

> **Acontecimentos rotineiros:** ir ao colégio (tema: respeito às diferenças); passear no parque (tema: preservação do meio ambiente); andar de bicicleta (tema: importância da atividade física); tomar sol (tema: necessidade de utilizar protetor solar), entre outros.

2. Decida se a crônica será escrita em primeira ou em terceira pessoa e que linguagem você vai utilizar. Lembre-se: a linguagem nesses textos costuma ser simples e pode ser mais formal ou menos formal, dependendo do tema e de onde será publicada.

Escrita

1. Escreva uma primeira versão do texto, partindo do acontecimento que você escolheu. Com base nele, proponha alguns questionamentos, levando o leitor a refletir sobre o tema abordado. Procure dar um final interessante para a crônica.

2. Releia seu texto e verifique se ele está fazendo sentido dentro da proposta. Observe também se há repetição desnecessária de palavras, se as palavras estão grafadas corretamente e se a concordância entre elas foi feita de forma adequada, corrigindo o que for necessário.

3. Dê um título à crônica que chame a atenção dos leitores, instigando-os a lê-la.

4. Digite seu texto e revise-o com a ajuda de um *software* editor de textos. Imprima sua crônica e entregue-a ao professor.

Quando o jornal ficar pronto, mostre seu texto a amigos e familiares e aproveite para ler a produção de seus colegas.